한·중 대조 언어학을 기반으로 하는
현대 중국어 음운학

한·중 대조 언어학을
기반으로 하는

현대
중국어
음운학

김태은 지음

한국문화사

한·중 대조 언어학을 기반으로 하는
현대 중국어 음운학

1판 1쇄 발행 2024년 2월 23일

지 은 이 | 김태은
펴 낸 이 | 김진수
펴 낸 곳 | 한국문화사
등   록 | 제1994-9호
주   소 | 서울시 성동구 아차산로49, 404호(성수동1가, 서울숲코오롱디지털타워3차)
전   화 | 02-464-7708
팩   스 | 02-499-0846
이 메 일 | hkm7708@daum.net
홈페이지 | http://hph.co.kr

ISBN 979-11-6919-190-6 93720

· 이 저서는 연세대학교 학술연구비의 지원으로 이루어진 것임.
· 이 책의 내용은 저작권법에 따라 보호받고 있습니다.
· 잘못된 책은 구매처에서 바꾸어 드립니다.
· 책값은 뒤표지에 있습니다.

오류를 발견하셨다면 이메일이나 홈페이지를 통해 제보해주세요.
소중한 의견을 모아 더 좋은 책을 만들겠습니다.

서문

   이 책의 출발은 필자가 연세대학교 중문과에서 현대중국어음운론과 현대중국어음운학연구라는 과목을 가르치기 시작하면서 관련 자료를 모으는 것으로부터 시작되었습니다. 음운학은 말소리를 연구한다는 점에서 우리의 일상생활과 매우 밀접한 관련이 있습니다. 그러나 음운학이라는 학문 분야를 처음 접하는 학생들의 경우 그 기초 개념 자체를 매우 낯설어 하는 경우가 많습니다. 그리고 개념이나 이론의 난이도가 높아서가 아니라 낯선 느낌이 곧 어렵다는 느낌으로 이어지는 듯이 보였습니다. 그런 현실 속에서 수업을 하는 몇 년의 시간 동안 어떻게 하면 음운학이 얼마나 우리의 일상생활과 밀접한 관련이 있는지를 자연스럽게 보여줄 수 있을까에 생각의 초점을 맞추게 되었습니다. 한국어가 모어인 학생들에게 맞추어 중국어의 음운 체계와 현상을 효과적으로 설명하는 데에 도움이 된다면 영어 자료도 적극 활용해 보았습니다. 몇 년에 걸쳐 자료를 모으고 이를 강의 자료에 반영시키다 보니 어느새 필자만의 음운학 서적을 위한 기초 자료가 만들어지게 되었습니다. 학기말 강의 평가를 보면 강의 자료가 책으로 나와 강의 후에도 필요할 때 언제라도 참고해 볼 수 있으면 좋겠다는 의견들이 종종 올라왔는데 이러한 학생들의 요청이 이 책의 출판을 결심하게 만들어 주었습니다. 따라서 책을 펴내면서 제일 먼저 감사해야 할 사람은 그 동안 필자의 강의를 듣고 평가해준 우리 학생들이라고 할 수 있겠습니다.

이 책의 독자는 중국어 음운학을 연구하는 한국인 연구자와 한국어 음운학을 연구하는 중국인 연구자 혹은 한국어와 중국어 음운 체계를 대조 연구하는 연구자라고 생각했습니다. 이에 책의 구성은 기본적으로 한국어와 중국어의 음운 체계를 모두 기술하고 있습니다. 1-3장까지는 본격적인 한·중 음운 체계를 알아보기 전에 알아야 할 음운학의 기초 개념에 대해 소개했습니다. 각 개념들의 이해를 돕기 위해서 한국어와 중국어 예뿐만 아니라 필요하다면 영어 예도 역시 적극 활용했습니다. 그리고 4-8장까지에는 한국어와 중국어 음운 체계를 각각 기술하고 종합적으로 대조하는 방식의 기술도 덧붙여 두 언어 음운 체계의 공통점과 차이점에 대한 논리적이고 체계적인 이해를 도모하고자 했습니다. 다만 6장 성조는 표준 한국어에서 성조가 이미 소멸된 것을 고려하고 표준 중국어에서 매우 중요한 초분절 성분인 것을 고려하여 중국어 성조에 대해서만 기술했습니다. 이 책이 한·중 음운학 연구자 모두에게 도움을 주고자 하였지만 지면의 한계를 생각힐 때 필자의 주요 연구 분야인 중국어 음운학에 더욱 초점이 맞춰져 있으므로 마지막 9-10장은 중국어 음운 변화와 차용어 적응에 대해서만 소개하였습니다. 책의 부록에는 음운학 기술에 필요한 개념을 용어 별로 정리하여 한국어, 영어, 중국어 순으로 제시해 놓았습니다. 영어 용어가 일관된 것에 비해 한국어와 중국어는 영어를 번역하면서 몇 가지 서로 다른 용어를 사용하는 경우가 있어 이것이 연구자에게 혼란을 제공하기도 하므로 이런 부록이 반드시 필요하다고 생각했습니다. 연구자에 따라 이 책에서 제공하는 한국어 용어와 다른 한국어나 중국어 용어를 사용할 수도 있겠지만 제시된 영어 용어를 참조하면서 기본적인 용어 정보로서 활용은 가능할 겁니다. 또 한어병음으로 제시되는 중국어 음절의 실제 음가를 IPA로 제시한 표도 부록으로 첨부해 놓았습니다. 기저형인 음소 층위에서의 전사와 표면형인 음성 층위에서의 전사를 모두 제시해 IPA가 낯선 독자들에게 중국어 음절에 대한 음가 정보를 비교적 명확하게 주고자 시도했습니다. 특히 중국어 모음을 어떻게 정의하느냐에 따라 음절의 음가 역시 연구자마다 다를 수 있겠지만 역시 중국어 음절을 이해하는 데에 기본적인 정보로서 활용이 가능할 겁니다.

  필자의 생각에 기초 연구자부터 중견 연구자 모두에게 유용하다고 생각되는 음운학 관련 필수 정보를 최대한 제공하고자 하였지만 필자 자신의 부족으로 말미암아 여전히 이 책에 담지 못한 중요한 내용들이 많이 있습니다. 이 부분에 대해서는 선후배 연구자분들의 향후 연구에서 더욱 심도 있게 다루어지기를 희망해 봅니다. 이 책의 시작과 마무리 역시, 필자의 모든 연구가 진행되는 동안 늘 그래왔듯, 사랑하는 가족들과 친구, 동료들의 격려와 배려가 있었기에 모두에게 감사의 말씀을 드립니다. 또 특별히 이 책의 첫 페이지를 열게 해주고 생각을 정리할 때 말없이 마음에 안식과 위로를 건네주었던 제주의 섶섬과 문섬에게도 감사의 말을 전하고 싶습니다. 무리 없이 출판이 이루어질 수 있게 도와주신 한국문화사 관계자 여러분께도 진심으로 감사의 말씀을 올립니다. 끝으로 한없이 미약함에도 불구하고 계속해서 앞으로 걸어갈 수 있게 인도해 주시고 지켜 주시는 하나님께 감사와 찬양을 올려 드립니다.

차 례

서문 ·· 5

1. 음운학과 음성학 ─────────────────── 11
2. 말소리의 구성 ─────────────────── 15
   (1) 음성단위 ·· 15
   (2) 분절음과 초분절음 ·· 16
   (3) 음소와 음성 ·· 17
3. 말소리의 표기 방식 ─────────────── 24
   (1) 말소리 표기와 표기법 ·· 24
   (2) 국제음성기호(IPA) ·· 25
   (3) 한어병음방안 ·· 30
   (4) 표준발음과 현실발음 ·· 33
4. 한·중 자음 체계 ─────────────────── 35
   (1) 한국어의 자음 체계 ·· 39
      ① 조음 위치에 따른 한국어 자음의 분류 ········ 39
      ② 조음 방법에 따른 한국어 자음의 분류 ········ 42
   (2) 중국어의 자음 체계 ·· 45
      ① 조음 위치에 따른 중국어 자음의 분류 ········ 46
      ② 조음 방법에 따른 중국어 자음의 분류 ········ 48
   (3) 한·중 자음 체계 대조 ·· 51

5. 한·중 모음 체계 ——————————————— 54
   (1) 한국어의 단모음 체계 ——————————— 58
   (2) 중국어의 단모음 체계 ——————————— 62
   (3) 복모음과 활음 ————————————— 72
   (4) 한·중 모음 체계 대조 ——————————— 77

6. 중국어의 성조 체계 —————————————— 79

7. 한·중 음절 구조 ——————————————— 89
   (1) 한국어의 음절 ————————————— 90
   (2) 중국어의 음절 ————————————— 94
   (3) 한·중 음절 구조 분석 —————————— 105
   (4) 재음절화 ——————————————— 108
   (5) 공명도 연쇄 원리 ———————————— 111
   (6) 한·중 음절 대조 ————————————— 114

8. 한·중 음소의 변별자질 ———————————— 115
   (1) 주요 변별자질 ————————————— 117
      ① 주요 부류 자질 ———————————— 117
      ② 조음 방법 자질 ———————————— 118
      ③ 조음 위치 자질 ———————————— 120
      ④ 후두 자질 ——————————————— 121
      ⑤ 모음 자질 ——————————————— 122
   (2) 한국어 음소의 변별자질 ————————— 123
   (3) 중국어 음소의 변별자질 ————————— 126

9. 중국어의 음운 변화 ————————————— 129
   (1) 중국어의 음성 변이 ——————————— 130
      ① 동화 ————————————————— 130

② 축약 ··· 137
③ 첨가 ··· 140
(2) 중국어의 성조 변화 ·· 143
① 제3성의 연독변조 ··· 144
② '一'와 '不'의 연독변조 ··· 154
③ 비강세 음절과 변조 ·· 158

10. 중국어 음역어와 차용어 음운론 ─────────── 161
(1) 최적성 이론 ·· 163
(2) 접근법과 전략 ·· 165
(3) 적응에 영향을 미치는 요소 ··· 170

참고문헌 ··· 174
부록
　용어 목록 ·· 177
　중국어 음절 IPA 전사 ··· 186
찾아보기 ··· 195

1 음운학과 음성학

    음운학과 음성학은 언어학을 하는 사람들에게 매우 익숙한 개념이지만 실제로 이 둘을 명확하게 구분하여 알려주는 참고자료는 많지 않다. 따라서 이 둘이 어떻게 다른지를 물어보면 정확하게 답을 하는 사람도 많지 않다. 이는 초보적인 단계에서 두 학문적 영역의 관계가 매우 밀접하게 연관되어 있어 구분이 쉽지 않기 때문이다.
    먼저 음운학과 음성학의 연구대상은 무엇일까? 먼저 아래 그림을 보자!

[그림 1] 앵무새의 인사 흉내   [그림 2] 어린이의 감탄사

    다시 질문으로 돌아가서 음운학과 음성학의 연구대상은 위 두 가지 그림 중에 어느 것이 해당할까? [그림 1]의 앵무새는 사람의 말소리를 흉내 내는 소리로 인사를 하고 있고, [그림 2]의 어린이는 기가 막혔는지 크게 의미가 없어 보이는 감탄사를 소리 내고 있다.

일단 한국어에서 소리라고 하면 여러 가지 개념을 아우르며 사용되는 경향이 있는데 학문적으로 정확하게 사용하려면 세분하여 구분할 필요가 있다. 우선 일반적인 소리라고 하는 것은 물체가 진동하며 내는 일체의 음파를 가리키는 소리로서 영어로는 sound에, 중국어로는 声음에 대응한다. 다음 말소리라는 개념은 사람의 음성 기관을 통해 실현되는 구체적이고 물리적인 소리를 가리키는 개념으로서 영어의 speech sound, 중국어의 语音에 대응한다. 이밖에 목소리라는 말이 사용되기도 하는데 엄밀히 말해 목소리는 사람이 자연스럽게 내는 소리로서 울음소리, 웃음소리, 재채기 등을 모두 포함하는 소리를 뜻한다. 영어로는 voice, 중국어로는 嗓音에 대응한다. 그렇다면 이제 위 질문에 대한 답을 해보자! 정답은 [그림 2]의 어린이가 발화하는 감탄사가 음운학과 음성학이 공통적으로 연구대상으로 삼는 것이다. 즉 두 학문 영역은 모두 말소리, 즉 음성을 연구대상으로 삼는다. [그림 1]의 앵무새 인사는 '안녕하세요?'를 전달하는 것 같지만 말소리를 흉내 낸 새의 소리이므로 음운학과 음성학의 연구대상이 아니다.

그렇다면 음운학과 음성학의 연구대상은 어떻게 다를까? 두 학문은 모두 말소리를 연구하지만 음운학의 연구대상은 한 언어에 존재하는 말소리의 추상적인 체계를 연구하는 반면 음성학은 말소리의 물리적인 특징을 연구한다. 예를 들어 구체적으로 설명해 보자! 한국어에서 '달, 딸, 탈'은 세 가지 서로 다른 의미를 지닌다. 이는 한국어를 모어로 하는 한국인에게 'ㄷ, ㄸ, ㅌ'은 서로 다른 자음으로 인식된다는 것을 의미한다. 그러나 영어를 모어로 하는 미국인에게 '달, 딸, 탈'을 처음 들려주면 이를 구분하는 것에 어려움을 느낀다. 또 표준 중국어를 모어로 하는 중국인에게도 이들의 구분은 쉽지 않은데 특히 '달, 딸'의 구분이 그러하다. 이는 한국인들이 무성치경파열음을 성문의 협착성과 기식성의 여부를 기준으로 서로 다른 자음으로 인식하는 것에 반해 미국인들은 머릿속에서 자음을 구분할 때에 그런 기준이 없기 때문이다. 또 중국인의 머릿속에는 기식성의 여부로 자음을 인식하는 기준은 존재하지만 성문의 협착성에 따라 서로 다른 자음을 구분하는 기준은 존재하지 않기 때문이다. 이렇게 한 언어 안에 존재하는 말소리의 머릿속 체계, 즉 추상적인 체계에 대한 연구가 음운학의 연구 영역이다. 반면 비록 미국인과 중국인이 'ㄷ, ㄸ, ㅌ'을 잘 구분하지 못하더라도 'ㄷ, ㄸ, ㅌ'을 음성분석기로 분석해 보면 물리적으로 서로 다른 소리임을 알 수 있다. 즉 'ㄷ'은 무성치경파열음 중에 기식성과 성문의 협착성이 낮은 소리이고, 'ㄸ'은 무성치경파열음 중에 기식성은 낮지만 성문의 협착성이 높은 소리이며, 'ㅌ'은 무성치경파열음 중에 기식성이 높고 성문의 협착성은 낮은 소리이다. 이렇듯 생리적이고 물리적인 소리의 특징을 연구하는 분야가 바로 음성학의 연구 영역이다.

따라서 연구의 시작 단계에서 두 학문은 매우 유기적으로 연계되어 있게 마련이다. 어느 한 언어의 말소리 목록, 즉 자음이나 모음 체계를 결정하려면 말소리의 물리적인 특징을 기반으로 해야 한다. 동시에 말소리의 물리적인 특징을 기술하려면 말소리 목록을 기준으로 기술할 수밖에 없기 때문이다. 쉽게 말해 한국어의 다양한 'ㄷ' 소리의 스펙트럼이 존재한다고 가정해 보자! 이때 기식성이 없는 소리로부터 점차 기식성을 강하게 하면 어느 지점에서 한국인은 'ㅌ'으로 인식할 것이다. 또 성문의 협착성이 없는 상태에서 점차 협착성을 강하게 하면 어느 지점에서 'ㄸ'으로 인식할 것이다. 그러나 미국인은 이들을 모두 't'로 인식할 가능성이 크다. 왜냐하면 치경에서 무성파열음으로 실현되는 자음이 영어에는 't' 뿐이기 때문이다. 반면 중국인은 기식성을 강하게 하면 어느 지점에서 한어병음 't'로 인식할 것이지만 성문 협착성이 강해진다고 해서 'ㄷ, ㄸ'을 다르게 인식하지는 못하고 모두 한어병음 'd'로 인식할 것이다. 물리적으로 서로 다른 음 'ㄷ, ㄸ, ㅌ'에 대한 생리적이고 구체적인 기술이 음성학의 영역이라면 한국인, 미국인, 중국인이 서로 다르게 인지하는 말소리의 체계는 음운학의 영역이라고 할 수 있다. 그리고 이런 음운학과 음성학의 영역은 초보적인 단계에서 서로의 개념을 활용하여 설명하게 된다.

  지금까지의 논의를 바탕으로 음운학의 목표를 제시하자면 한마디로 모어 화자의 머릿속에 존재하는 추상적인 말소리 체계, 즉 언어적인 능력(language competence)을 밝혀내는 것이라고 할 수 있다. 반면 음성학의 목표는 지각되는 모든 말소리의 음성적인 특성에 주의를 기울여 조음하고 청취할 때 생성되는 물리적이고 구체적인 특징을 전사하고 분류하는 것이라고 할 수 있다. 따라서 음운학에서는 한 언어에서 의미변별 기능이 있는 말소리 목록을 결정하고 말소리가 연결될 때 생기는 제약과 변화 규칙 등을 밝혀내는 것에 주목한다. 반면 음성학에서는 말소리를 조음할 때 생리적으로 어떤 특징을 기반으로 하는지(조음음성학), 말소리가 전달될 때 음파의 물리적인 특성은 어떠한지(음향음성학), 말소리가 지각될 때 뇌의 작용과 인식이 어떻게 이루어지는지(청취음성학) 등에 관심을 둔다.

2

말소리의 구성

(1) 음성단위

우리의 발화는 몇 가지 단위로 구분될 수 있다. 첫째 아무리 긴 발화라고 해도 이는 기본적으로 문장으로 이루어지는데 문장을 구성하는 기본적인 언어단위는 단어이다. 단어는 독립적으로 발화될 수 있는 의미를 지닌 최소의 언어단위이기 때문에 가장 기본적이고 친숙한 언어단위이다. 단어는 의미를 기준으로 다시 더 작은 단위로 쪼갤 수 있는데 이는 의미를 지닌 최소 언어단위인 형태소이다. 만약 단어를 분석할 때 의미를 고려하지 않고 음성만을 고려하여 쪼갠다면 일차적으로 음절로 나눌 수 있다. 따라서 음절은 독립적으로 발화될 수 있는 최소의 음성단위로서 가장 친숙한 음성단위이다. 특히 한국어는 글자수와 음절수가 일치하기 때문에 한국인들에게 음절 분석은 어렵지 않은 일이다. 중국어도 대체로 글자수와 음절수가 일치하기 때문에 중국인들에게도 음절 분석은 크게 어렵지 않지만 흔히 '얼화'라고 일컫는 권설음화가 일어나는 경우에는 일치하지 않기 때문에 주의해야 한다. 형태소는 문법단위의 일환이기 때문에 본서는 음성단위에 주목하여 단어가 음절로 쪼개지는 것에 중점을 둔다. 그렇다면 음절은 더 작은 단위로 쪼개질 수 있는가? 음절을 더 작은 단위로 분석하면 분절음으로 나눌 수 있다. 분절음은 말 그대로 분절해서 얻어지는 음성을 뜻하는데 흔한 예로 우리가 익숙하게 아는 자음과 모음을 들 수 있다. 이제 한국어와 중국어 문장을 예로 들어 앞서 언급한 개념들을 적용시켜 보자!

문장	오늘 우리 피자 먹자!
단어	오늘, 우리, 피자, 먹자
음절	오, 늘, 우, 리, 피, 자, 먹, 자
분절음	ㅗ, ㄴ, ㅡ, ㄹ, ㅜ, ㄹ, ㅣ, ㅍ, ㅣ, ㅈ, ㅏ, ㅁ, ㅓ, ㄱ, ㅈ, ㅏ

문장	今天我们吃比萨。
단어	今天, 我们, 吃, 比萨
음절	今, 天, 我, 们, 吃, 比, 萨
분절음	j, i, n, t, i, a, n, w, o, m, e, n, ch, i, b, i, s, a

위의 표에 제시된 분석을 볼 때 주의해야 할 것이 몇 가지 있다. 우선 한국어 음절에서 초성에 위치하는 'ㅇ'은 음가가 없으므로 분절음에 초성의 'ㅇ'을 포함시키면 안 된다는 것이다. 다음 한글은 한국어의 음소를 정확하게 전사하기 때문에 분절음 표기에서 한글 자모를 사용하는 것에 문제가 없지만 중국어의 분절음은 편의를 위해 여기서는 한어병음방안(漢語拼音方案)을 사용하여 표시하였더라도 실제 분절음의 음가와는 차이가 있다. 이 부분에 대한 자세한 논의는 3장에서 다시 다룰 것이다.

(2) 분절음과 초분절음

중국어에서는 분절음만큼이나 중요한 개념으로 초분절음에 대한 이해가 필요하다. 초분절음도 음절을 구성하는 음성단위인데 분절음에 대응하는 개념으로서 일반적으로 음의 길이, 음의 높이, 음의 세기 등을 나타낸다. 초분절음은 분절음이 존재할 때 실현될 수 있기 때문에 음운적인 위계에서 분절음보다 하위에 놓일 수밖에 없고 화자와 청자의 인식도 분절음이 초분절음보다 더 강할 수밖에 없다. 초분절음에 속하는 가장 익숙한 개념은 중국어의 성조를 들 수 있다. 성조는 단어의 의미를 구별해 주는 음높이를 뜻하는 개념으로서 한국어에도 경상도와 강원도 일부 지역에 성조가 존재한다. 경상도 말로 '가가가가가?'는 분절음이 'ㄱ'과 'ㅏ'로 구성된 5개의 동일한 음절로 이루어진 문장인데 음의 높이가 모두 다름으로 인해 '그 애가 (성이) 가씨냐?'라는 의미를 전달한다. 즉 음높이에 따라 단어의 의미가 달라진다는 것을 뜻하므로 성조라는 초분절음이 존재하는 것이다. 중국어를 배워본 사람이라면 'ma'라는 음절이 'mā 妈, má 麻, mǎ 马, mà 骂'로 음높이를 달리함으로써 서로 다른 의미를 가진다는 것을 알고 있을 것이다. 즉 중국어에 존재하는 성조를 배우게 된다는 것이다.

성조가 단어의 의미를 구분해 주는 음높이라면 문장의 의미를 결정해 주는 음높이는 억양이라고 하며 이는 언어 보편적으로 존재하는 초분절 성분이다. 예를 들어, 한국어에서 '저 사람이 그 사람이에요'라는 문장은 그 끝의 음높이를 올리느냐 내리느냐에 따라 평서문이 되기도 하고 의문문이 되기도 한다. 마찬가지로 중국어에서도 '那个人是他'라는 문장에서 그 끝의 음높이를 내리면 평서문이 되지만 올리면 의문문이 된다. 즉 문장의 음높이 변화가 문형을 결정해 주는 것이다. 이밖에도 영어 단어 중에는 강세의 위치에 따라 그 의미가 달라지는 경우가 존재하는데 이러한 강세 역시 초분절 성분이다.

(3) 음소와 음성

우리는 1장에서 음운론은 모어 화자의 머릿속에 저장된 추상적인 음의 체계를 연구하는 학문이라면 음성학은 구체적이고 물리적인 음에 대해 연구하는 학문이라는 것을 알았다. 그렇다면 모어 화자의 머릿속에 저장된 추상적인 음과 구체적이고 물리적인 음은 어떻게 다른 것일까? 결론적인 한 문장으로 단순하게 표현하자면 사람의 음성 기관을 통해 나는 모든 소리는 음성이고, 그 음성을 듣고 화자가 머릿속에 떠올리는 모어의 분절음은 음소라고 할 수 있다. 따라서 음운론에서 다루는 기본적인 음의 체계는 음소 체계이고, 음성학에서 다루는 음은 음성이라고 할 수 있다.

　이제 음소와 음성을 실제적인 예를 통해 설명해 보자! 사람들은 어떤 소리를 들을 때 자신의 머릿속에 저장된 음 중에 가장 가까운 음으로 그것을 포착해서 표현하게 된다. 예를 들어, 영어에 존재하는 자음 'f'는 한국어 음소 체계에 존재하지 않기 때문에 그것을 표현할 때 한국어 자음 중에 지각적으로 가장 유사한 'ㅍ' 혹은 'ㅎ'으로 전사한다. 때문에 영어의 'family'는 한국어로 '패밀리' 혹은 '훼밀리'로 쓰이고, 'fighting'은 '파이팅' 혹은 '화이팅'으로 쓰인다. 한국인들이 영어 'f' 소리를 못 듣는 것은 아니고 이를 한국어 자음 중에서 정확하게 대응할 수 있는 음을 찾을 수 없기 때문이다. 현재 한국인들의 영어 수준은 높은 편이기 때문에 영어 'f'를 인식하는 것에는 거의 전혀 문제가 없지만 우리가 매우 낯선 언어의 어떤 음을 들었을 때 그것이 무슨 음인지 아무리 들어도 전사하기가 어려웠던 경험이 한 번씩은 있었을 것이다. 이는 매우 자연스러운 현상으로 머릿속에 저장된 음 중에서 해당 음에 대응할 수 있는 것을 포착하지 못하기 때문에 생겨나는 것이다. 여기서 우리 머릿속에 저장된 음, 그것이 바로 음소이고, 아무리 들어도 정확히 표현해 내기 어려운 음, 그것이 바로 음성이다. 물론 음소 자체도 음성이지만 음소를 음성과 구분할 때 이런 기준을 적용하면 보다 용이하게 구분할 수 있을 것이다.

[그림 3] 모어에 없는 음성 인식

잠시 앞선 예로 되돌아가 '패밀리'와 '훼밀리', '파이팅'과 '화이팅'에 대해 부연하자면 국립국어원에서는 영어 'f'를 'ㅍ'으로 적는 것을 규범적인 표기로 정하고 있다. 따라서 엄밀히 말해 '훼밀리' 혹은 '화이팅'이라고 쓰는 것은 맞춤법에 맞지 않는 표기이다. 그러나 한국인들은 '패밀리'나 '파이팅' 보다 '훼밀리'나 '화이팅'을 더 선호하는 것으로 보인다. 이는 국립국원에서는 영어 'f'라는 음성이 무성순치마찰음이므로, 순치음이 없는 한국어 자음 중에서 무성순음에 해당하는 'ㅍ'을 한국어 음소 체계에서 영어 자음 'f'와 음운적으로 제일 유사한 것으로 간주한다. 그러나 'ㅍ'은 유기파열음이어서 기식성이 매우 강한 반면 'f'의 기식성은 그만큼 강하지 않기 때문에 한국인들은 이 둘 사이의 지각적 차이를 상당히 크게 인식하게 된다. 반면, 비록 조음 위치는 입술에서 상대적으로 멀지만 무성성문마찰음인 'ㅎ'을 지각적으로 'f'에 더 가깝게 느낄 수 있다. 이렇듯 그 언어의 음소 체계에 존재하지 않는 음에 대한 인식은 명확하지 않을 때가 많다. 앞서 1장에서 한국어, 영어, 중국어를 모어로 하는 화자들의 무성치경파열음에 대한 인식을 언급한 바 있는데 이 또한 서로 다른 언어를 모어로 하는 화자들의 서로 다른 음소 체계로 인해 일어나는 현상이라고 할 수 있다.

지금까지의 논의를 바탕으로 음소를 한 마디로 정의하자면 의미를 변별하는 음성의 최소 단위라고 할 수 있다. 여기서 의미를 변별한다는 것은 '달, 딸, 탈'에서 'ㄷ'이 'ㄸ'으로 바뀌면 의미가 '달'에서 '딸'로 바뀌는 것처럼, 'ㄸ'이 'ㅌ'으로 바뀌면 의미가 '딸'에서 '탈'로 바뀌는 것과 같은 경우를 말한다. 즉 해당 음성의 변화가 의미의 변화를 가져온다면 모어 화자는 음성을 서로 다른 음소로 인지하고 있다는 것을 의미한다는 말이다. 이를 다른 말로 표현하자면 모어 화자가 인지적으로 구분하는 음성적 차이를 기준으로 분석한 분절음이 음소라면, 모어 화자도 인지적으로 구분하지 못하는 음성적 차이까지 구분하여 분석한 분절음은 음성이라고 할 수 있다. 음소는 / / 안에 표기하고 음성은 [ ] 안에 표기한다. / /과 [ ]은 각각 기저형과 표면형을 표시할 때 사용해야 한다는 차이점이 있으므로 / /을 사용할 때에는 주의해야 한다. 모든 음성은 [ ] 안에 표기할 수 있지만 / / 안에 표기할 수 있는 것은 음소뿐이기 때문이다.

여기서 잠시 변이음이라는 개념에 대해서도 소개하고자 한다. 변이음은 기저형에 하나의 음소로 묶여 있지만 음절 환경에 따라서 다양한 표면형으로 실현되는 음성을 가리키는 개념이다. 일반적으로 모어 화자는 이 서로 다른 표면형의 음성을 구분하지 못한다. 그들의 머릿속에서는 동일한 하나의 음소로 인식되기 때문이다. 그렇지만 어떤 외국인 화자들에게는 이것이 그들의 모어 속에서 서로 다른 음소이기 때문에 다른 음이라는 것을 뚜렷하게 인식하곤 한다. 예를 들어 한국어의 '고기'라는 음절을 구성하는 자음은 모두 /ㄱ/이므로 한국인들은 '고'의 'ㄱ'과 '기'의 'ㄱ'이 서로 다른 음성이라는 것을 인식하지 못한다. 그러나 만약 영어나 일어를 모어로 하는 화자가 듣는다면 한국인들은 서로 다른 자음을 동일하게 쓴다고 지적할 수 있을 것이다. 한국어 '고기'의 음소적인 전사는 IPA를 사용하여 표기하면 /ko.ki/인데 이를 음성적으로 전사하면 [ko.gi]이다.¹ 이는 모음 사이에 끼인 'ㄱ'이 유성음으로 실현되기 때문이다. 그러나 한국어에는 유성연구개파열음인

---

1 **여기서 잠깐!** 아직 IPA를 체계적으로 소개하지 않은 상태에서 한국어 'ㄱ'의 발음이 /k/인 것에 대해 의문을 가질 수 있다. 이에 대해서는 3장에서 자세히 소개가 이루어질 것이니 여기서는 IPA에 대한 궁금증보다 음소와 변이음의 개념적 구분에 대해서만 집중하도록 하자!

[g]가 음소 체계에 존재하지 않기 때문에 한국인들은 연구개파열음을 [k]로 발음하든, [g]로 발음하든 모두 /k/로 인식한다. 반면 유성연구개파열음이 음소 체계에 존재하는 영어 모어 화자나 일본어 모어 화자에게는 서로 다른 자음으로 인식되어 '고'의 'ㄱ'은 /k/로, '기'의 'ㄱ'은 /g/로 인식된다. 요컨대 한국어 자음 음소 /k/는 음절 환경에 따라 [k]와 [g]라는 서로 다른 변이음으로 실현될 수 있다.

음소와 변이음에 대한 이해를 좀 더 돕기 위해 영어와 중국어의 예를 들어 보자! 영어 자음 'p'는 음소적으로 무성양순파열음 /p/이지만 음절에서 두음에 출현할 때에는 [pʰ]로, 치찰음 뒤에 출현할 때에는 [p]로 실현된다. 따라서 영어 'party'의 'p'와 'spa'의 'p'는 음성적으로 서로 다르게 실현되지만 영어 모어 화자는 이를 모두 /p/로 인지한다. 반면 한국인이나 중국인은 전자의 'p'는 [pʰ]로, 후자의 'p'는 [p]로 다르게 인식하는데 이는 한국어와 중국어에는 무성양순파열음이 기식성을 기준으로 서로 다른 음소 /p/ 혹은 /p/와 /pʰ/로 체계가 잡혀 있기 때문이다. 이제 중국어 '爸爸'의 예를 들어 보자! '爸爸'를 한어병음으로 쓰면 'bàba'로 쓰는데 중국인에게는 앞 'bà'의 'b'나 뒤 'ba'의 'b'가 모두 /p/로 인식되며 구분하지 않는다.² 그러나 영어를 모어로 하는 화자들은 전자의 'b'를 [p]로, 후자의 'b'를 [b]로 구분하며 서로 다른 자음으로 인식한다. 이는 중국어 음소 체계에는 유성양순파열음 /b/가 존재하지 않지만 영어에는 존재하기 때문인데 중국어 'bàba'에서 두 번째 음절의 양순파열음은 모음 사이에서 경성이라는 약음절로 발화되면서 유성음으로 실현되기 때문이다. 따라서 유성양순파열음 [b]는 중국어에서 경성 음절에서 변이음의 형태로만 출현한다. 흥미로운 것은 한국어에는 유성양순

---

2 **여기서 잠깐!** 역시 IPA를 체계적으로 소개하지 않은 상태에서 한국어의 'ㅃ'의 발음이 /p/이고 'ㅂ'의 발음이 [p]이며, 한어병음 'b'의 발음이 /p/인 것에 대해 의문을 가질 수 있을 것이다. 이 또한 3장에서 자세히 소개가 이루어질 것이니 여기서는 계속해서 음소와 변이음의 구분에만 집중하도록 하자!

파열음 [b]가 음소적으로 존재하지 않음에도 불구하고 한국인 화자들도 이러한 중국어의 변이음을 인지적으로 구분한다는 것이다. 한국인들은 'bá'의 'b'를 [pʰ]로, 'ba'의 'b'를 [p]로 인지한다. 즉 전자를 'ㅍ'과 같은 소리로, 후자를 'ㅂ'과 같은 소리로 인지한다는 말이다. 이는 한국어 음소 체계에 유·무성을 기준으로 양순파열음에 대한 음소적 구분이 존재하는 것은 아니지만, 지각적 유사성(perceptual similarity)에 기반하여 긴장성이 있는 'bá'의 'b'는 'ㅍ'으로, 긴장성이 없는 'ba'의 'b'는 'ㅂ'으로 대응시키기 때문이다. 이러한 외국인들의 지각은 모어 화자는 지각할 수 없는, 중국어 무성양순파열음 /p/에 존재하는 변이음 [p]와 [b]의 존재를 확인시켜 준다.

어떤 음성이 그 언어 체계에서 음소인지 아닌지를 판별하는 방법 중에 많이 사용되는 것이 최소 대립쌍의 구분이다. 최소 대립쌍은 한 음소의 차이만으로 구별되는 단어를 가리키는 개념으로서 앞서 예 들었던 '달, 딸, 탈'은 모두 최소 대립쌍을 이룬다. 한국어에서는 음절자와 실제 음절 간의 구분이 헷갈려서 최소 대립쌍을 잘못 이해하는 경우가 종종 존재하는데 예를 들면 다음과 같다. '낫, 낮, 낯'은 서로 다른 표기법으로 제시되는 음절자로서 의미가 서로 다르지만 실제 구성 음절은 [낟]으로 동일하다. 한국어에서는 7종성법이 적용되기 때문에 [ㅅ, ㅈ, ㅊ]은 초성과 달리 종성에서는 실현되지 않고 모두 [ㄷ]으로 실현된다. 따라서 발음상 구분되지 않는 '낫, 낮, 낯'은 최소 대립쌍이 아니다. 최소 대립쌍인지 아닌지의 여부는 해당 언어 모어 화자의 판단을 기준으로 한다. 비록 외국인 화자에게 혼동을 주는 경우일지라도 모어 화자라면 듣자마자 예외 없이 하나의 음소가 바뀜으로 인해 서로 다른 의미라고 말할 것이다. 예를 들어 영어 'pen'과 'pan'은 최소 대립쌍이다. 한국인은 이 둘의 발음을 구분하지 못하지만 영어 모음 체계에서 /e/와 /ɛ/는 서로 다른 음소로 자리하고 있기 때문이다. 또한 최소 대립쌍은 음절 구조가 동일한 짝을 비교 대상으로 삼고 판단해야 한다. 예를 들어 한국어 '이사'와 '가사'는 최소 대립쌍이 아니다. 왜냐하면 전자는 첫 음절이 모음

'ㅏ'로만 이루어져 있지만 후자는 첫 음절이 자음 'ㄱ'과 모음 'ㅏ'로 이루어져 음절 구조가 다르기 때문이다. 한국어 초성 'ㅇ'은 표기법 상 제시되는 것일 뿐 실제 음가가 없다는 것을 잊지 말기 바란다.

그렇다면 중국어의 최소 대립쌍에는 어떤 예가 존재할까? 중국어 'gàn 干' 과 'kàn 看'은 최소 대립쌍을 이룬다. 두 단어는 음절 구조가 같고 한어병음 으로 'g'와 'k' 오직 한 음성만 다르기 때문이다. 중국인들은 이 두 음성이 달라짐으로써 'gàn'과 'kàn'의 의미를 다르게 인식한다. 따라서 한어병음 'g'와 'k'의 음성은 서로 다른 음소임에 틀림이 없다. 그렇다면 중국어 'bàn 办'과 'biàn 变'은 최소 대립쌍일까? 정답은 '아니다'이다. 앞서 언급한 것처 럼 두 음절은 음절 구조가 다르다. 최소 대립쌍은 두 음절을 구성하는 음성 들이 서로 하나씩 맞대응해야 하는데 'bàn'과 'biàn'은 구성 음절 구조가 다름으로 인해 후자 'biàn'에서 한어병음 'i'에 대응하는 음성이 전자에 존재 하지 않는다. 한 가지 중국어 최소 대립쌍을 구분할 때에는 주의해야 할 것이 있다. 한어병음방안이 실제 중국어의 발음 기호가 아님으로 인해 제시 된 한어병음만 보면 음절구조가 달라 최소 대립쌍이 아닌 듯이 보이는 경우가 그러하다. 예를 들어 중국어 'guài 怪'와 'guì 贵'는 최소 대립쌍일 까? 정답은 '그렇다'이다. 언뜻 보기에는 한어병음으로 제시된 음절 구조가 달라 최소 대립쌍이 아닌 듯이 보이지만 전자의 실제 발음을 IPA로 제시하 면 /kuai/이고, 후자의 실제 발음은 /kuei/여서 오직 /a/와 /e/만이 차이를 보인다. 따라서 중국인들은 /a/와 /e/를 바꾸면 의미를 다르게 인식하므로 이 둘은 중국어에서 서로 다른 모음 음소이다. 마지막 중국어에서 최소 대립쌍을 변별할 때 성조의 일치 여부에 주의를 기울여야 한다. 중국어의 성조는 초분절 성분이지만 의미 변별에 영향을 미치기 때문에 분절음만큼 중요하다. 따라서 최소 대립쌍을 구분할 때에 성조를 일치시켜 주는 것이 좋다. 왜냐하면 동일한 음성으로 분절음의 구성이 같을지라도 성조가 달라 짐으로 인해 의미에 줄 수 있는 영향을 제거하기 위함이다.

3

말소리의 표기 방식

(1) 말소리 표기와 표기법

말소리 표기를 우리가 흔히 맞춤법이라고 하는 표기법과 혼동하는 경우가 종종 있다. 그러나 실제 말소리를 표기하는 것은 생각보다 표기법과 완전히 다른 경우가 많다. 표기법은 음절 보다 형태소 분별에 유리하여 독해의 편리를 도모해 준다. 예를 들어, '앉다'라는 말의 어미를 다양하게 바꾸어 보면 '앉아, 앉고, 앉으면, 앉는' 등으로 표기하는데, 이들의 실제 말소리는 '안자, 안꼬, 안즈면, 안는' 등과 같이 발음된다. 만약 후자처럼 표기법이 말소리와 일치한다면 읽을 때 1음절 '안'의 의미를 파악하는 것이 어려울 것이다. 전자처럼 '앉'이라고 써야 그 의미를 파악하기 용이해진다. 따라서 표기법은 독해를 위함이지 말소리의 표기와는 사실 무관하다는 것을 음운학 연구자라면 늘 염두에 두어야 한다.

그럼에도 불구하고 표기법에 사용되는 많은 기호들이 말소리에 대한 정보를 어느 정도 전달해 준다. 그 방식도 다양한데 대표적인 것이 음소 문자를 활용한 표기 기호와 음절 문자를 활용한 표기 기호이다. 우리 한글은 대표적인 음소 문자를 활용한 표기로서 자음을 나타내는 기호와 모음을 나타내는 기호로 이루어져 있다. 일본 문자인 가나는 대표적인 음절 문자를 활용한 표기로서 하나의 기호가 하나의 음절을 표기한다. 그러나 중국어의 공식 문자 체계는 한자이기 때문에 그 자체로 음성 정보를 전달하는 데에 한계가 있다. 이에 1958년 중국 정부에서 한자의 음성 정보를 보조하기 위한 음성 기호 체계로서 한어병음방안을 공포하였다. 한어병음방안도 자음을 나타내는 기호와 모음을 나타내는 기호로 이루어져 일종의 음소 문자를 활용한 표기 기호라고 할 수 있다. 대만에서는 주음부호(注音符號)라는 음성 기호 체계를 사용하여 한자의 음성 정보를 보조하는데 이 중 'ㄓ, ㄔ, ㄕ, ㄖ, ㄗ, ㄘ, ㄙ'는 음절 문자를 활용한 음성 기호라고 할 수 있다.

(2) 국제음성기호(IPA)

현재 말소리의 정확한 전사는 국제음성기호(International Phonetic Alphabet, 이하 IPA라고 함)를 통해 이루어진다. IPA는 1889년 국제음성학회(International Phonetic Association)에서 제정한 이후 130년 넘게 사용되면서 수차례의 수정을 거쳤다.

IPA의 목적은 전 세계 언어를 음성적으로 정확하게 전사하기 위해 만들어졌으므로 말소리를 연구하는 사람들은 IPA를 사용하여 해당 언어의 말소리를 전사한다. IPA는 [ ] 안에 표기하는데 목표 말소리를 상대적으로 간략하게 전사할 수도 있고 구별기호를 사용하여 보다 정밀하게 전사할 수도 있다.

몇 가지 기본적인 IPA의 예를 들어 보자! 말소리 중에 윗입술과 아랫입술을 사용하며 무성, 무기음으로 조음하되 파열의 방식으로 조음하는 것은 IPA로 [p]로 전사한다. 즉 [p]는 무기무성양순파열음을 대표하는 음성 기호이다. 따라서 한국어의 '밥'이라는 말소리는 음소적으로 전사하면 /pap/으로 전사할 수 있다. 왜냐하면 한국어 'ㅂ'이 바로 무기무성양순파열음이기 때문이다. 그런데 만약 한국인의 '밥' 소리를 음성적으로 좀 더 정밀하게

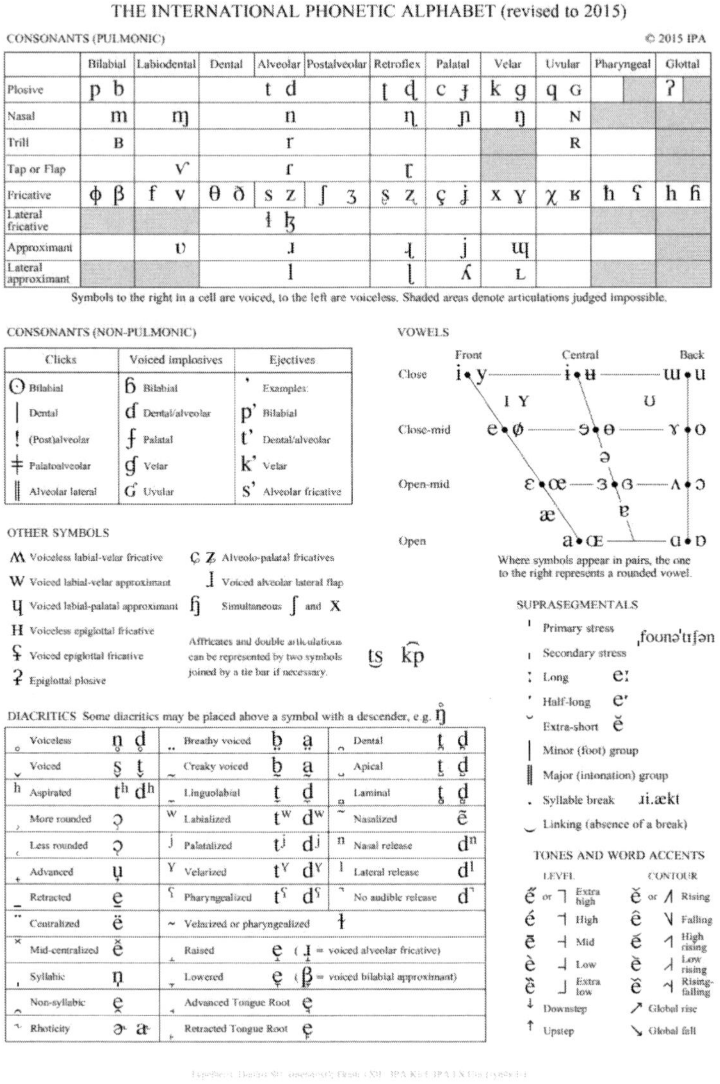

[그림 4] 국제음성기호[3]

---

3 **여기서 잠깐!** 본서에 제시된 IPA chart는 International Phonetic Association 홈페이지에서 언제든지 무료로 다운로드 받을 수 있다.

전사하자면 [pap̚]으로 전사할 수 있다. 왜냐하면 초성에 위치한 'ㅂ'과 종성에 위치한 'ㅂ'의 음가는 비록 한국인이 음소적으로 구분하지 않지만 종성의 'ㅂ'이 불파음으로 발음되어 음성적으로 좀 더 세밀하게 전사될 수 있기 때문이다. 즉 구별기호 '̚'는 종성 자리에 오는 무기무성양순파열음 [p]가 파열의 단계까지 않고 폐쇄에서 멈춘다는 것을 알려주고 있다. 사실 영어 수준이 상당히 높은 대부분의 한국인들은 한국어의 'ㅂ'은 영어 'b'와 지각적으로 더 가깝다고 생각하며 왜 [bab]으로 전사하지 않으냐고 질문할 수도 있다. 그러나 IPA의 [b]는 유성양순파열음을 가리키는 음성 기호이기 때문에 한국인이 느끼는 지각적 유사성과는 관계없이 한국어 'ㅂ'의 음가는 [b]가 아닌 [p]이다. 그렇다면 영어의 'b'는 유성음인가? 그렇다. 영어 'b'의 음가는 유성양순파열음인 [b]이다. 따라서 IPA [p]와 [b]는 [±voiced]라는 자질을 기준으로 대립한다.[4] 조음 위치가 두 입술, 즉 양순이고, 조음 방법이 파열음으로 동일하지만 전자는 무성음이고 후자는 유성음인 것이다. 따라서 영어에서 흔한 이름 '밥(Bob)'은 IPA로 전사하면 [bɑb]으로 표기한다. 위에 한국어 '밥'을 전사할 때 IPA와 영어 이름 'Bob'을 전사할 때 IPA의 모음도 자세히 보면 다르다는 것을 알 수 있다. 알파벳 '에이'를 동일하게 쓴 것 같지만 [a]와 [ɑ]는 혀의 위치가 다르다. 전자는 중설에서 발음되는 음이고 후자는 후설에서 발음되는 음이다. 따라서 이 두 '에이' IPA는 [±back]이라는 자질을 기준으로 대립한다.

그렇다면 중국어 'bàba 爸爸'의 말소리는 어떻게 전사될 수 있을까? 중국어 한어병음의 'b'는 무성음인가, 유성음인가? 정답은 한어병음 'b'의 음가는 무성양순파열음이다. 따라서 'bàba'는 IPA로 [pa.pa]라고 전사해야 한다. [ba.ba]라고 전사하면[5] 표준 중국어 음소 체계에 존재하지 않는 유성

---

4   **여기서 잠깐!** 자질에 대한 자세한 소개는 8장을 참조하기로 하자!
5   **여기서 잠깐!** [ ] 안의 '.'은 편의상 음절의 경계를 의미한다.

양순파열음으로 전사한 것이 되므로 오류가 된다는 사실에 주의해야 한다. 다만 여기서 '爸爸'의 음소적인 전사는 앞서 제시한 것과 같지만 음성적으로 조금 더 정밀하게 전사하면 [pa.ba]로 적을 수 있다.⁶ 2장에서도 언급한 바 있듯 경성에서 출현하는 두 번째 음절의 'ba'는 약음절에서 실현되며 앞뒤 모음 사이에서 유성음화되어 역시 유성음으로 실현될 수 있다. 이는 약음절에서 종종 발생하는 동화 현상의 일종으로 볼 수 있다. 따라서 중국어의 한어병음방안은 한자의 음성적인 정보를 보조적으로 전달하지만 실제 발음, 즉 음가를 전사하는 것이 아니다. 따라서 한어병음을 [ ] 안에 적는 것은 오류가 될 수 있다. 예를 들어 한어병음 'b'의 음가는 [p]라고 했는데 그렇다면 한어병음 'p'의 음가는 무엇일까? 정답은 [pʰ]이다. 두 자음은 기식성, 즉 [±aspirated]를 기준으로 대립하기 때문이다. 다시 말해, 전자는 무기무성양순파열음이고, 후자는 유기무성양순파열음이다. 또 다른 예로 한어병음에서 [ŋ]의 음가를 나타내는 'ng'를 [ng]로 쓰는 것은 옳지 않다. 한어병음으로 'sh'라고 쓰는 자음의 음가는 IPA로 [ʂ]이므로 역시 [sh]라고 쓰는 것은 옳지 않다. 이는 우리가 영어 'child'에서 알파벳 'ch'의 발음을 [ch]로 쓰지 않고 IPA [tʃ]로 쓰는 것을 생각해 보면 쉽게 이해가 될 수 있을 것이다. 한중 자음 체계의 IPA 전사에 대해서는 4장에서 더욱 자세히 다루기로 하자!

    IPA를 제시하면서 마지막으로 언급하고자 하는 것은 IPA도 고안된 음성기호 체계라는 것이다. 따라서 구별기호를 최대한 활용하여 음을 더욱 정밀하게 전사하려고 의도할 수 있지만 음성의 매우 세세한 부분까지 모두 반영하여 기호로 표기하기란 그렇게 쉬운 일이 아니라는 점이다. 그래서

---

6 **여기서 잠깐!** 무성양순파열음 [p]는 중국어의 자음 음소이기 때문에 /p/로 표기할 수 있다. 그러나 유성양순파열음 [b]는 실제 발화에서 출현할 수 있지만 음소로서의 지위는 없기 때문에 중국어 자음 체계에서 */b/로 적을 수 없다. 왜냐하면 / /에는 해당 언어의 음소만을 표기할 수 있기 때문이다.

보통 한 언어의 음소 체계를 전사할 때에는 그 언어 안에서 변별적인 자질만을 고려하여 전사한다. 그렇기 때문에 동일한 IPA로 전사한 두 언어의 자음 체계가 실제 지각적으로 다르게 느껴질 수 있다. 예를 들어, 영어의 양순파열음은 [±voiced]를 기준으로 대립하는 두 개의 자음 음소 /b/(알파벳 'b')와 /p/(알파벳 'p')만이 존재한다. 그런데 중국어의 양순파열음은 [±aspirated]를 기준으로 대립하는 두 개의 자음 음소 /p/(한어병음 'b')와 /pʰ/(한어병음 'p')만이 존재한다. 그런데 한국인들은 지각적으로 앞서 제시한 영어 자음 음소 /p/는 중국어의 자음 음소 /p/보다 /pʰ/와 더 유사하다고 느낀다. 그런데 중국어에는 기식성을 나타내는 구별기호 'ʰ'가 제시되고 영어에는 제시되지 않는다. 어찌된 일일까? 영어에서는 자음 /p/를 [p]로 발음하든 [pʰ]로 발음하든 음소적으로 모두 /p/로 귀결되므로 구분하여 제시하지 않는다. 반면 중국어에서는 [p]로 발음하면 음소적으로 /p/(한어병음 'b'에 해당)로, [pʰ]로 발음하면 음소적으로 /pʰ/(한어병음 'p'에 해당)로 귀결되기 때문에 반드시 구별기호 'ʰ'를 제시해야 한다. 한국어의 경우는 그 사정이 더욱 복잡하다. 한국어의 양순파열음은 심지어 /p/, /p'/, /pʰ/ 이렇게 세 가지로 삼분된다. [±aspirated]를 기준으로 대립하는 양순파열음은 /p/('ㅂ'에 해당), /p'/('ㅃ'에 해당)와 /pʰ/('ㅍ'에 해당)이고, [±constricted glottis]를 기준으로 대립하는 양순파열음은 /p/, /pʰ/와 /p'/이기 때문이다. 그래서 사실 중국어 양순파열음 /p/(한어병음 'b'에 해당)는 대부분 한국어의 양순파열음 /p'/('ㅃ'에 해당)에 지각적으로 더 유사하게 들리지만 중국어 음운학 서적에서 한어병음 'b'의 음가는 /p/로 제시되어 있다. 중국어에서 [±constricted glottis]를 기준으로 대립하는 음소가 존재하지 않으므로 [p']로 발음하든, [p]로 발음하든 모두 중국어 자음 음소 /p/로 귀결되기 때문이다. 요컨대 동일한 IPA로 제시되었더라도 현재 언급하고 있는 언어 체계가 무엇이냐에 따라 실제 음가에 대한 느낌이 다를 수 있다는 것을 염두에 두어야 한다.

(3) 한어병음방안

앞에서도 여러 차례 언급한 바와 같이 한어병음방안은 중국어의 발음 기호 체계가 아니다. 따라서 한어병음방안을 IPA 음가로 읽으면 중국어 발음을 잘못하게 된다. 또 동일한 한어병음으로 제시되었더라도 제시된 음절이 무엇이냐에 따라 그 실제 음가가 다르게 실현된다. 예를 들어, 한어병음으로 제시된 중국어 음절 'de, die, deng'에 존재하는 'e'의 발음은 모두 달라, 실제 발음을 IPA로 제시하면 차례로 [ɤ, ɛ, ə]이다. 반대로 한어병음으로 제시된 음절 'dui'의 발음은 모음 [e]가 존재하지만 한어병음만 봐서는 그 존재를 알 수 없다. 따라서 한어병음은 중국어의 실제 발음, 즉 실제 음가를 알려주지는 않는다는 점도 늘 염두에 두어야 한다.

사실 중국어의 역사를 돌아보면 표음화를 열망하던 시절이 있었다는 것을 알 수 있다. 이는 한어병음방안의 제정과 매우 밀접한 관계가 있는데 음운학적인 기술과는 크게 관계가 없지만 중국어 음운학을 연구하는 연구자라면 그 역사를 한 번 되짚어 보는 것도 의미가 있을 것으로 생각되어 중국어 표음화 운동에 대해 본 절에서 간략히 소개해 보기로 하겠다. 설명과 이해의 편의를 위해 단계별로 대략적인 상황을 제시하고자 하나 각 단계가 뚜렷한 경계선을 두고 구분되는 것은 아님을 미리 알려두기로 한다.

19세기 후반 중국은 정치적 혼란기와 맞물려 근대 중국어의 표음화 요구와 언문일치에 대한 자각이 일기 시작했다. 1842년 아편전쟁, 1894년 청일전쟁 등 잇따른 중국의 패배와 짙은 패망의 기운에 대해 지식인들은 일반 국민들의 높은 문맹률에서 그 원인을 찾기 시작했다. 다시 말해, 알기 어렵고, 쓰기 어렵고, 기억하기 어려운 한자 때문에 한때 세계를 제패했던 중국은 소위 기술이 발달한 서양에 비해 너무 뒤처지게 되었다는 것이다. 이에 중국의 표음화 운동이 그 싹을 틔우기 시작한다.

먼저 절음자(切音字) 운동이 각 지역에서 자국어에 대한 각성으로부터 일어나기 시작했다. 시기는 대략적으로 청말(약 1636-1912) 즈음으로, 전통적인 음운학적 지식과 그 고장에서 마치 훈장과 같은 위치에서 한자를 가르쳤던 경험을 바탕으로 한 지식인들이 한자를 표음해 보고 이를 가르쳐 보고자 했던 시도들을 가리킨다. 이는 매우 실용적인 가치관의 발현이었지만 제시된 안들이 실제 실현 가능성과 거리가 멀었고, 또 이 시기는 중앙정부가 표음화에 대해 무관심했기 때문에 이러한 시도들을 체계적으로 이끌어줄 동력이 부재했다. 뿐만 아니라, 한자를 표음한다는 것 자체를 매우 적대적으로 바라보는 사회의 지배적인 계층이 존재했기 때문에 많은 사람의 공감대를 얻지 못해 결국 절음자 운동은 실패하게 되었다.

이후 1918년 주음자모가 공포되는데, 절음자 운동이 개인적인 고안으로 개인적인 차원에서 이루어진 활동이었다면, 주음부호(注音符號) 운동은 국가적인 활동의 일환으로 일어난 활동이다. 한자의 편방을 간화한 부호 체계로 주음자모를 만들었기 때문에 기존 문자 체계에 대한 고려가 이루어지고 한자를 계승한 일면도 있어 상대적으로 표음화에 대한 중국 사람들의 이질감을 낮춰 주었다. 절음자 운동은 1927년 남경(南京) 정부 수립이후 더욱 박차를 가하며 전국적인 실행 강화로 이어졌으며 여러 시행착오를 거치며 거듭된 수정작업을 통해 완성되었다. 주음자모는 현재도 대만에서 광범위하게 사용되고 있다.

주음부호 운동과 비슷한 시기에 이루어진 또 다른 표음화 운동으로 국어로마자 운동이 있다. 주음부호 운동이 한자와의 단절을 의미하지 않았다면 국어로마자 운동은 국제적으로 통용이 불편한 한자의 완전한 폐기를 주장하였다. 국어로마자는 서양 이론에 대한 충분한 검토를 바탕으로 제기되었으며 라틴알파벳을 시도한 표음법 중에 처음으로 공인된 체계로서, 1928년 확정된 26개의 자모를 국민당 정부가 정식으로 공포하였다. 현재 중국에서 사용되는 한어병음방안의 전신이 되어준 것도 이 체계이다. 한자의 속박에서 벗어났다는 의의를 지니고 중국어의 현대화를 추구하던 젊은 인재들에 의해 추진되었지만 언문일치와 국어 통일을 주장하며 문맹퇴치를 외쳤기에 한자와 방언에 대한 보수적인 계층의 호응을 얻기 어려웠다. 이에 1930년대 중반 라틴화신문화 운동의 기세가 높아지며 점차 쇠퇴하게 되었다.

중국 표음화 운동의 마지막 단계로 평가되는 라틴화신문자 운동은 1920년대 국외, 옛 소련에서 시작되며 체제를 정비하였다. 한자의 철저한 폐지와 완전히 새로운 표음문자의 창제를 주장했다는 점에서는 국어로마자 운동과 맥을 같이 하지만 성조 무표기 원칙과 방언 역시 제시하고 있는 표음문자로 표기할 것을 권장하여 국어로마자 운동 보다 당시 중국어의 상황에 융통성을 부여하였다. 이 운동은 절음자 운동과는 달리 공산당 정권에 의해 적극적인 지원을 받았으며 지금까지 언급한 표음화 운동 중에 가장 조직적인 활동과 대량의 저술 및 광범위한 활동이 이루어졌다. 따라서 표음화 추진에 있어 가장 큰 공헌을 한 것으로 평가된다. 그러나 적극적인 지지 이면에 여전히 한자 폐지에 대한 우려의 목소리가 공존하였기에, 중국 공산당 정권 초기 기본적인 언어 정책이 한자의 폐지와 표음문자의 제정이었음에도 불구하고 결국 한자는 폐지되지 않았다. 대신 1950년대 거듭된 논의 속에 1958년 한어병음방안이 정식으로 공포되었다.[7] 그리고 한어병음방안은 한자를 주음(注音)하여 보통화를 보급시키기 위한 것일 뿐 한자를 대신하는 것이 결코 아님도 분명히 밝혀 두었다. 따라서 한어병음방안의 공포와 함께 근대 중국어 표음화 운동은 종지부를 찍게 되었으므로 결국 중국의 표음화 운동은 공식적으로 실패를 선언한 셈이다.

다시 한 번 강조하지만 한어병음방안은 한자의 음성 정보를 지원해 줄 뿐 한국어의 음소를 그대로 반영하는 한글과 같이 중국어의 음소를 그대로 반영해 주는 것이 아니다. 독립적인 문자 체계도 아닐뿐더러 편의를 위해

---

7   **여기서 잠깐!** 1950년대 채택된 중국의 공식적인 언어 정책은 한자의 간화, 보통화의 보급, 한어병음방안의 제정 이렇게 세 가지로 정리될 수 있다.

만들어진 장치이므로 기호 체계는 영어와 동일한 라틴알파벳을 사용하지만 또한 영어의 발음과도 다르다. 그럼에도 불구하고 현재는 역으로 한어병음방안에 의해 중국인들의 발음이 영향을 받고 있는 것도 같다. 이에 대해서는 5장에서 중국어의 모음을 논의할 때 조금 더 자세히 다루어 보기로 하겠다.

(4) 표준발음과 현실발음

말소리 표기와 표기법을 구분하는 것 외에도 말소리 자체도 표준발음과 현실발음을 구분해 줄 필요가 있다. 표준발음은 지역, 계층, 혹은 개인차 등으로 인해 생겨날 수 있는 변이를 최소화하고자 공식적으로 정부가 정해 놓은 발음을 일컫는다. 그러나 우리의 일상적인 언어생활에서는 표준발음과 다르지만 많은 사람들이 표준발음 보다 더 많이 사용하는 것으로 자연스러운 발음이 존재한다. 그것이 바로 현실발음이라는 개념이다. 그렇다면 얼마나 많은 사람이 표준발음과 다르게 발음해야 현실발음으로 인정할 것인가라고 물을 수 있을 것이다. 사실 현실발음에 대한 정의는 애매하다. 그저 표준어를 사용하는 집단의 언중(言衆)이 표준발음이 아닌데 실제로 사용하는 비율이 상당히 높은 발음 정도라고 표현할 수밖에 없다.

현실발음의 일례로 필자의 조카 이름을 들어 보겠다. 필자의 조카 이름은 '최한빛'이다. 필자의 가족들은 이 친구를 부를 때 모두 [한비새]라고 부른다. 그런데 칠판에 '한빛아'라고 적고 여러 학생들에게 어떻게 부를지 물어보면 [한비새], [한비대], [한비채] 등 몇 가지 다른 발음의 대답이 나오곤 한다. 사실 표준발음으로 한다면 한국어의 연음 법칙에 의해 [한비채]라고 하는 것이 맞을 것이다. 그래서 실제로 대부분의 외국인 학생들은 [한비채]라고 부르는 게 맞다고 대답한다. 그런데 모어 화자인 한국 학생들이 [한비채]라고 부른다는 경우는 찾아보기 어렵다. [한비대] 혹은 [한비새]라고 한다고 대답하는데 더 많은 비율은 [한비새이다. 사실 [한비대는 이유 있는 발음 방식이다. 한국어에는 7종성 법칙이 존재하기 때문에 '아'라는 격조사를 붙이기 전 '한빛'의 발음은 [한빋]이고, 이것이 격조사와 결합한 후 연음이 이루어지면 [한비대가 되기 때문이다. 그런데 더 많은 비율로 답하는, 심지어 필자 가족 모두가 부르는 [한비새를 음운적으로 해석할 방법은 없다. 그렇다고 모어 화자의 발화 비율이 이렇게 높음에도 불구하고 표준발음과 다르니 이런 발음을 틀린 발음이라고 할 것인가? 우리는 이런 발음을 표준발음과 대비되는 개념으로 현실발음이라고 한다.

현실발음 보다 표준발음은 더 공식적이고 엄격하지만 만약 현실발음의 비율이 현저히 높아져 해당 발음의 발화 비율이 훨씬 높아지고 표준발음에 대한 인식이 거의 사라지면 표준발음이 현실발음으로 수정되기도 한다. 중국어의 경우에는 분절음의 결합에서 표준발음과 현실발음이 차이가 나는 경우보다 초분절음인 성조가 표준발음과 다른 경우를 흔하게 발견할 수 있다. 예를 들어 '포도'를 의미하는 중국어의 '葡萄'는 『现代汉语词典(第5版)』까지는 'pútáo', 즉 제2성이 연이어진 결합으로 제시되어 있다. 그러나 많은 표준어 화자들이 두 번째 음절을 경성으로 발음함에 따라 『现代汉语词典(第6版)』부터는 'pútao', 즉 제2성과 경성의 결합으로 제시되어 있다. 또 '택시를 타다'를 의미하는 중국어의 '打的'는 『现代汉语词典(第6版)』까지는 'dǎdí', 즉 제3성과 제2성의 결합으로 제시되어 있지만 『现代汉语词典(第7版)』부터는 'dǎdī', 즉 제3성과 제1성으로 결합되어 있다. 사전의 발음은 상당히 보수적인 표준발음을 제시하게 마련인데 이러한 변화가 있다는 것은 언중들의 실제 현실발음이 표준발음 제정에 반영된다는 것을 의미한다.

4. 한·중 자음 체계

말소리는 기류가 구강만 통과하는가, 아니면 구강과 비강 모두를 통과하느냐에 따라 크게 구강음과 비음으로 나눌 수 있다. 구강은 입술 안쪽부터 목구멍까지 비어 있는 공간을 말하며 비강은 콧구멍부터 목젖 위까지 비어 있는 부분을 일컫는다. 일반적인 말소리들은 보통 목젖을 목구멍 뒤쪽에 닿게 하여 비강을 막은 형태로 만드는 구강음이 많으며 구강 내 어떤 음성 기관이 조음에 활발하게 참여하느냐에 따라 말소리의 유형을 분류하게 된다. 구강 내 음성 기관이 동일한 역할을 하더라도 목젖으로 목구멍 뒤쪽을 차단하지 않아 비강으로 기류를 내보낸 채 조음을 하게 된다면 이런 말소리들은 모두 비음으로 유형을 분류하게 된다. 조음에 가장 활발하게 참여하는 음성 기관은 후두에 위치한 성대와 구강에 위치한 혀라고 할 수 있다. 혀의 경우 혀의 어느 부위를 사용하느냐에 따라 [그림 5]에 제시된 것과 같이 혀의 앞부분이면 설첨음, 혓바닥이면 설면음, 혀의 뿌리 부분이면 설근음으로 분류할 수 있다.

말소리 중에 자음은 폐에서 나온 기류가 음성 기관의 어떤 부위에서 장애를 받아 나는 소리를 일컫는다. 따라서 자음을 분류할 때에는 장애가 이루어지는 위치, 즉 조음 위치와 장애가 이루어지는 방식, 즉 조음 방식에 따라 분류한다. [그림 5]는 자음의 유형을 분류할 때 자주 언급되는 음성 기관을 표시한 것이다.

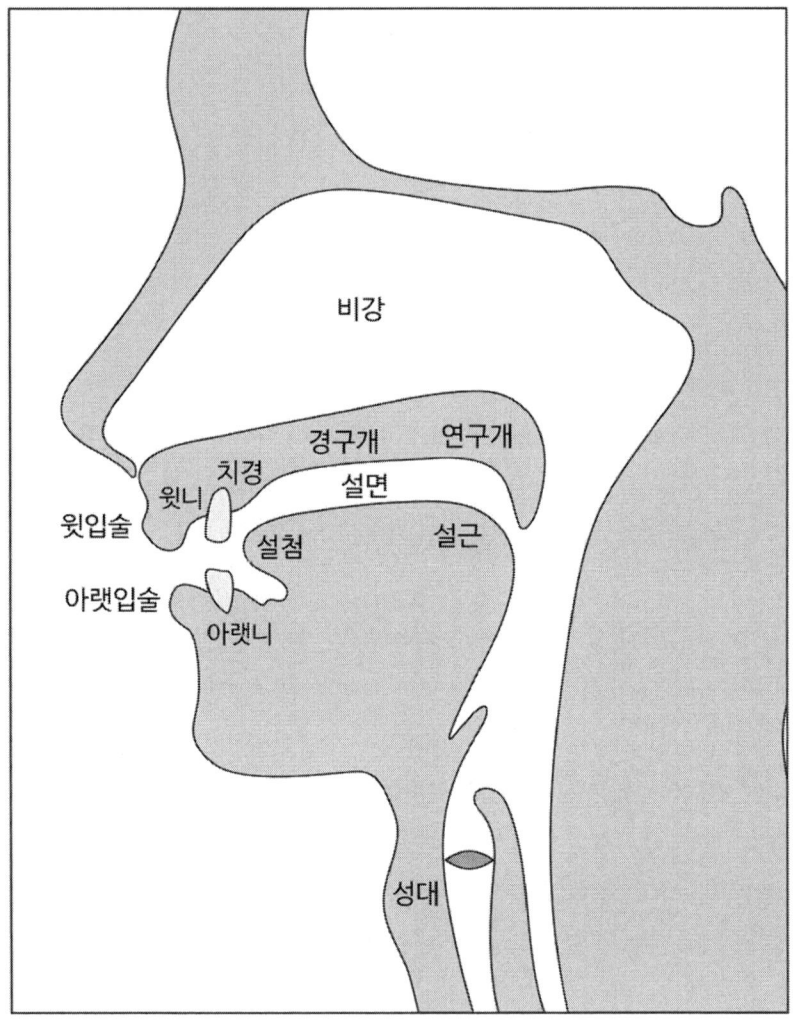

[그림 5] 음성 기관

모음은 일반적으로 모두 유성음이지만 자음은 성대의 울림 여부에 따라 무성 자음과 유성 자음으로 분류할 수 있다. 성대의 울림이란, 기류가 성대를 통과할 때 성문이 진동하는 것을 의미한다. 아래 그림은 성대의 울림이 없는 무성음과 성문과 성대의 울림이 있는 유성음일 때의 성문을 비교한 것이다.

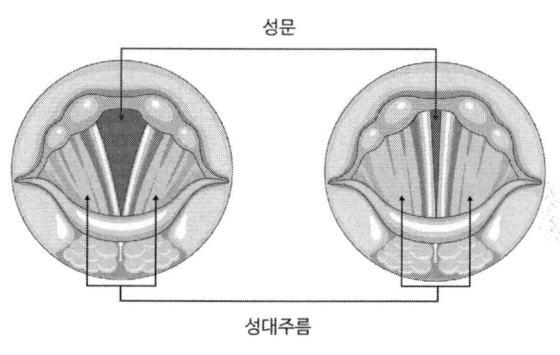

[그림 6] 무성음 발화   [그림 7] 유성음 발화

[그림 6]과 같이 성문이 열려 있으면 기류가 성대를 진동시키지 않고 통과하기 때문에 무성음으로 실현된다. 반면 [그림 7]과 같이 성문이 닫혀 있으면 기류가 통과할 때 성대를 진동시키기 때문에 유성음으로 실현된다. 모음은 매우 전형적인 유성음이지만 장애를 분명하게 일으키며 나는 전형적인 자음은 무성음이 일반적이다. 그렇다고 유성 자음이 없는 것은 아닌데 한 언어 체계에서 무성 자음에 비해 유표적인 경우가 많다.

자음 중에 강한 기식성을 동반하는 경우가 있는데 이런 자음을 우리는 유기음이라고 한다. 반면 기식성이 약하거나 동반하지 않는 경우를 무기음이라고 한다. 전형적인 장애음, 즉 전형적인 자음으로 일컬어지는 파열음, 파찰음, 마찰음에서 기식성이 얼마나 동반되는가를 측정하는 개념을 성대진동시작시간(Voice Onset Time, 이하 VOT라고 함)이라고 한다.[8] 성대의 장애가 해소되면서 후행하는 유성음의 성대 진동이 시작되는 시점까지의 시간을 일컫는다.[9] 따라서 VOT가 길면 기식성이 강한 음이고, 짧으면 기식성이 약한 음이라고 할 수 있다. 아래 그림은 무성양순파열음의 VOT 측정을 비교한 것이다.

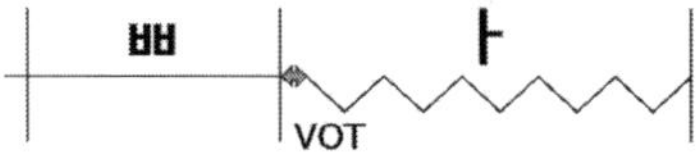

[그림 8] '빠'의 VOT 측정 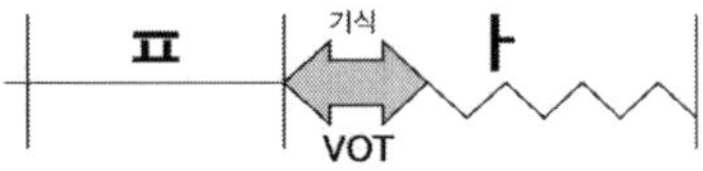   [그림 9] '파'의 VOT 측정

위 그림에서 실선으로 표시된 부분은 각각 '빠'와 '파'를 조음할 때 발화자가 아래위 입술을 다물고 아직 열지 않은 상태, 즉 파열음의 조음 3단계(접근-지속-해제) 중 지속의 단계를 나타낸다. 그 뒤로 구불구불한 선이 나타나는데 이것이 유성음인 모음이 조음되는 부분으로 성대의 진동을 의미한다. [그림 8]의 '빠'는 파열음의 해제 단계 뒤를 곧바로 이어서 모음이 출현하는데 반해 [그림 9]의 '파'는 모음이 출현할 때까지 해제 후 약간의 시간이 더 걸리는 것으로 나타나는데 그 부분이 바로 기식이 발생하는 부분이다. IPA로 기식성은 구별기호 'ʰ'를 사용하여 표시한다. 따라서 '빠'와 '파'는 둘 다 조음 위치가 양순이고, 조음 방법은 파열음인데, 전자는 무기음이고 후자는 유기음이기 때문에 서로 다른 음성이다. 그리고 이러한 기식성의 여부가 한국어와 중국어 모두에 변별적으로 작용하여 두 언어 체계 모두에

---

8   **여기서 잠깐!** 전형적인 자음이라는 것은 조음 중에 음성 기관의 어떤 부위에서 확실하게 장애가 발생하는 자음을 가리킨다. 자음 중에는 장애가 거의 발생하지 않는 경우도 있는데 대표적인 것이 유음이며 한국어에서는 'ㄹ'이, 중국어에서는 한어병음으로 제시되는 'r'과 'l'이 그런 자음에 속한다.

9   **여기서 잠깐!** 후행하는 유성음은 대체로 모음을 일컬으며, VOT를 측정하는 자음은 일반적으로 무성 자음이다.

서 서로 다른 자음 음소가 된다.

(1) 한국어의 자음 체계

한국어의 자음은 모두 19개로 조음 위치와 조음 방법에 따라 각각 다섯 가지 유형으로 분류할 수 있다. 다음은 한국어의 자음 체계를 표로 제시한 것이다.

[표 1] 한국어의 자음 체계

조음 방법 \ 조음 위치	양순음	치경음	경구개음	연구개음	성문음
파열음	ㅂ [p] ㅃ [p'] ㅍ [pʰ]	ㄷ [t] ㄸ [t'] ㅌ [tʰ]		ㄱ [k] ㄲ [k'] ㅋ [kʰ]	
파찰음			ㅈ [tɕ] ㅉ [tɕ'] ㅊ [tɕʰ]		
마찰음		ㅅ [s] ㅆ [s']			ㅎ [h]
비음	ㅁ [m]	ㄴ [n]		ㅇ [ŋ]	
유음		ㄹ [l]			

① 조음 위치에 따른 한국어 자음의 분류

조음 위치에 따라 한국어의 자음은 다섯 가지 유형으로 나눌 수 있다.[10] 먼저 양순음은 아래위 입술의 작용으로 나는 소리로서, 한국어의 양순음은 모두 두 입술을 붙였다 떼면서 내는 소리이며 [p, p', pʰ, m]가 이에 해당한다.[11]

---

10 여기서 잠깐! 그러나 동일한 조음 방식의 자음일지라도 평음, 경음, 격음을 세분하여 유형의 가짓수를 나타낸다면 열 가지 유형이라고 할 수 있다.

11 여기서 잠깐! 한글 자모는 한국인들의 음소 체계를 정확하게 전사하지만 한·중 대조를 위해 이제부터는 IPA로 전사하는 것에도 익숙해지기를 바란다.

치경음은 혀끝이나 혓날이 윗잇몸과 작용하여 내는 소리로서, 한국어에는 다양한 치경음이 존재한다.¹² [t, t', tʰ, n, l]는 모두 혀의 끝부분이 윗잇몸, 그러니까 치경에 닿으며 생성되는 소리이며, [s, s']는 혀의 끝부분이 치경에 닿을 듯 말 듯하며 내는 소리이다. 한국어 음운학 개론서 중에서 'ㄷ, ㄸ, ㅌ, ㄴ'을 'ㅅ, ㅆ, ㄹ'과 구분하여 전자를 치음으로, 후자를 치경음으로 소개하는 경우를 볼 수 있다. 엄밀히 말해 전형적인 치음은 영어의 [θ]나 [ð]처럼 아래윗니가 작용하여 나는 치간음을 가리키므로 'ㄷ, ㄸ, ㅌ, ㄴ'을 치음으로 분류하는 것은 적절하지 않다. 다만 'ㄷ, ㄸ, ㅌ, ㄴ'은 윗니에 혀끝이 닿아서 낼 수 있는 소리인 반면, 상대적으로 'ㅅ, ㅆ, ㄹ'는 윗니가 아닌 윗잇몸과의 작용으로만 이루어지는 소리이기 때문에 이 두 그룹을 좀 더 상세히 구분할 수 있다. 음운론은 모어 화자의 추상적인 음의 영역을 다루기 때문에 독자의 납득을 이끌어낼 수 있다면 연구자의 필요에 따라 상세한 구분의 정도가 다를 수 있다. 따라서 이 경우에는 한국어의 자음을 조음 위치에 따라 여섯 가지로 분류한다. 그러나 여전히 대부분의 연구서가 해당 자음들을 치경음 한 그룹으로 제시하듯, 본서에서도 'ㄷ, ㄸ, ㅌ, ㄴ'과 'ㅅ, ㅆ, ㄹ'의 그룹을 구분할 필요가 없다고 판단하여 모두 치경음으로 제시하기로 한다.

경구개음은 혀의 앞부분이 입천장의 앞쪽, 즉 경구개 부분과 작용하여 만들어내는 소리로서, 한국어에는 [tɕ, tɕ', tɕʰ]가 있다. 모두 경구개에 혀의 앞부분을 붙였다 떼되 혀를 경구개에서 매우 가깝게 접근시키는 정도까지만 떼면서 내는 소리이다. 한국어의 경구개음을 제시할 때 IPA를 [tɕ] 대신 [tʃ]를 사용하는 경우가 있는데 [tʃ]는 주로 후치경음을 나타내는 음성 기호로 사용된다. 다만 두 음 간의 지각적인 차이가 크지 않고 더욱이 한국어 음소 체계에는 후치경음과 경구개음의 구분이 없으므로 'ㅈ, ㅉ, ㅊ'을 [tʃ]를 사용

---

12 **여기서 잠깐!** 음운학 저서에 따라 치경음을 치조음이라고 명명하는 경우를 종종 볼 수 있는데 동일한 개념이며 모두 윗잇몸을 치경 혹은 치조라고 일컫는 데에서 온 명칭이다. 본서에서는 치경음으로 일관되게 명명하기로 한다.

해 제시해도 문제가 되지 않는다. 특히 한·영 자음 대조를 진행할 때에는 [tʃ]를 사용하여 영어 자음 음소 [tʃ]와 한국어 경구개음의 지각적 유사성을 높여주는 것이 유용할 수 있다. 그러나 본서에서는 해당 자음이 경구개음이고 한·중 대조에서는 경구개음 음성 기호인 [tɕ] 계열을 사용하는 것이 더욱 효율적이므로 [표 1]과 같이 제시하기로 한다.

혀의 끝을 경구개를 지나 목구멍 쪽으로 더 밀어 넣어 보면 입천장에 말랑말랑한 부분이 나타나는데 이 부분이 바로 연구개이다. 연구개음은 혀의 뒷부분이 입천장 뒤쪽의 이 연구개 부분과 작용하여 만들어지며 한국어에는 [k, k', kʰ, ŋ]이 존재한다. 한국어에서 [ŋ]은 유일하게 초성에서 실현되지 않고 종성에서만 실현되는 자음이다. 마지막으로 성문음은 목구멍에 있는 성대의 틈, 즉 성문과의 작용으로 생성되며 성대가 진동하거나 마찰 혹은 긴장함으로써 만들어진다.[13] 한국어에서는 [h]가 이에 해당하는데 음운적으로 마찰을 통해 생성되는 음으로 분류된다.

지금까지 제시한 조음 위치에 따른 한국어 자음의 분류를 한눈에 알아볼 수 있도록 그림으로 간략히 제시하면 아래와 같다.

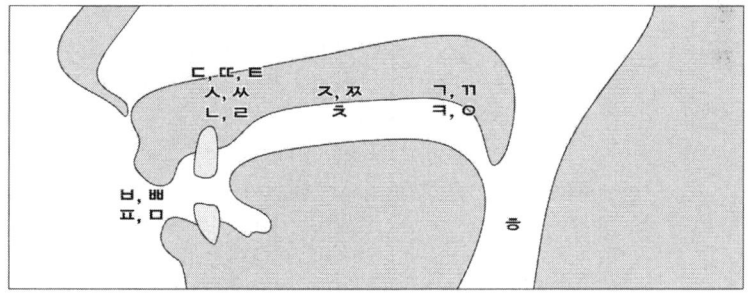

[그림 10] 조음 위치에 따른 한국어 자음

---

13 **여기서 잠깐!** 유성음은 성대의 진동을 통해 만들어지므로 대부분의 모음과 유성 자음도 성문음의 일종이라고 할 수 있다.

② 조음 방법에 따른 한국어 자음의 분류

조음 방법에 따라서도 한국어 자음은 다섯 가지 유형으로 나눌 수 있다. 먼저 파열음은 폐에서 출발한 기류가 어떤 조음 위치에서 막혔다가 터지면서 나는 소리를 가리킨다. 많은 음운학 서적들에서 파열음을 폐쇄음이라고도 지칭하기도 하는데, 파열음이 터지는 부분에 초점을 둔 명칭이라면 폐쇄음은 막히는 부분에 초점을 둔 명칭어라고 할 수 있다. 일반적으로 음성적으로 동일한 음을 가리키기 때문에 꼭 구분을 해야 할 필요가 없다면 어느 명칭을 사용해도 무관하다. 따라서 본서에서는 일반 독자들에게 더 익숙한 파열음이라는 명칭을 사용하기로 하겠다. 한국어에는 동일한 조음 위치에서 실현되는 자음들이 삼지적상관속(三肢的相關束)을 이루며 다양한 파열음으로 실현된다. [p, p', pʰ, t, t', tʰ, k, k', kʰ]가 바로 그것인데, 한국어에서는 이들을 평음, 경음, 격음이라고 지칭한다. 치경파열음을 예로 들어 각각의 VOT를 비교하면 아래 그림과 같다.

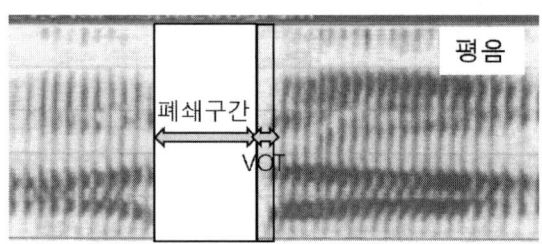

[그림 11] '아다'를 측정한 스펙트로그램

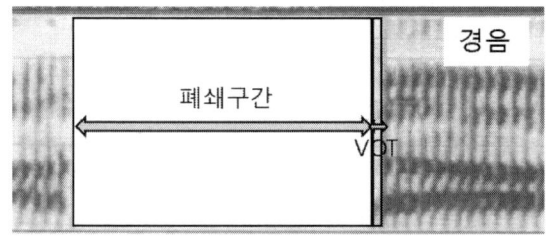

[그림 12] '아따'를 측정한 스펙트로그램

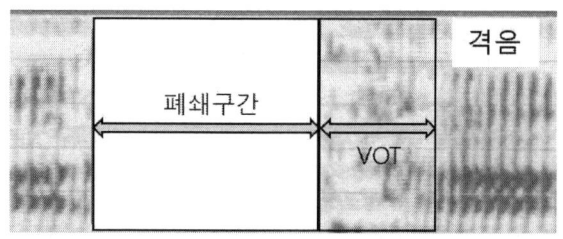

[그림 13] '아타'를 측정한 스펙트로그램

위 그림을 보면 VOT의 길이는 '격음〉평음〉경음'의 순으로 길게 나타나는데 이는 반대로 말하면 경음이 기식의 양이 가장 적고, 격음이 기식의 양이 가장 많다는 것을 뜻하며, 평음은 격음보다는 기식의 양이 훨씬 적지만 경음보다는 많다. 격음은 조음 위치에서 막힌 공기를 터뜨린 후에 성문을 크게 열어 대량의 공기를 내보내야 하기 때문에 음질이 거칠게 느껴진다. 또 기식이 순식간에 많이 방출되어야 하므로 막혔던 조음 위치와 성대, 그리고 폐에 힘이 들어가므로 긴장음에 속한다. 반면 경음은 막았던 조음 위치가 터진 뒤 바로 성문을 좁혀서 공기를 거의 내보내지 말아야 하기 때문에 순간적으로 성문을 좁히기 위한 힘을 성대에 주어야 한다. 따라서 소리가 단단하게 느껴지기 때문에 된소리라고도 하며 역시 긴장음에 속한다. 위 그림은 치경파열음만을 대상으로 예를 들고 있지만 양순파열음, 연구개파열음에도 역시 모두 적용된다.

마찰음은 조음 기관을 완전히 막지 않고 기류가 지나는 통로를 좁게 하여 만들어내는 소리이므로 숨이 차서 소리를 멈추지 않는 한 중단되지 않는 음이다. 또 좁은 틈새를 통해 실현되기 때문에 소음이 존재하므로 지속성과 소음성은 마찰음의 중요한 특성이라고 하겠다. 한국어의 마찰음에는 치경에서 조음되는 [s, s']와 성문에서 조음되는 [h]가 있다. 물론 몇몇 음성학 연구들에서 한국어 'ㅎ'의 마찰성에 대해 회의적인 견해를 제시하기도 하지만,[14] 일반적으로 한국어 음운 체계를 제시할 때 'ㅎ'은 무성성문마찰음 [h]로 분류하는 경우가 많다. 다음 파찰음은 파열음과 마찰음의 특징을 모두 가지고 있는 상대적으로 복잡한 조음 방식의 음이라고 할 수 있다. 파열 혹은 폐쇄 후에 마찰이 차례대로 이루어져야 하기 때문인데 한국어에는 경구개에서 조음 되는 [tɕ, tɕ', tɕʰ]가 있다.

　비음은 구강의 조음 기관을 막은 채 비강으로만 기류를 통과시키며 내는 소리를 일컫는다. 한국어 비음의 조음 방식은 파열음의 방식이어서 엄밀히 말하면 비강파열음이지만 일반적으로 앞서 언급한 파열음은 구강파열음만을 가리키고 비강파열음의 경우는 비음으로 따로 분류한다. 한국어의 비음은 조음 위치에 따라 양순비음, 치경비음, 연구개비음으로 나누며 차례로 [m, n, ŋ]이 이에 해당한다. 앞서 언급한 한국어의 파열음, 마찰음, 파찰음은 무성 자음인 것에 반해 비음은 유성 자음이다.[15]

　유음은 조음 기관에서 장애가 거의 발생하지 않기 때문에 기류가 비교적 자유롭게 통과하는 음이다. 즉 조음 기관 사이의 접촉이 매우 적어 모음과도 비슷한 소리가 많아 전형적인 자음이라고 할 수 없다. 그럼에도 불구하고 기류가 전혀 방해를 받지 않는 것은 아니기 때문에 모음이 아닌 자음으로 분류되며 조음 동작은 주로 혀가 담당한다. 한국어에는 치경에서 조음 되는 [l]가 유음에 해당하는데 음소적인 전사에서는 설측음인 [l]를 쓰지만 어떤 음절 환경에서 실현되느냐에 따라 탄설음인 [ɾ]로 실현되기도 한다. 즉 음소 /l/는 실현되는 음절 환경에 따라 다른 음성으로 실현되는 변이음 [l]와 [ɾ]가 존재한다는 말이다. 한국인들의 머릿속에 'ㄹ'은 하나의 음소로 자리 잡혀 있기 때문에 '서울, 물론'을 발음할 때의 'ㄹ'과 '바람, 오리'를

14　**여기서 잠깐!** 그럼 마찰음으로 분류하지 않는 연구들에서는 'ㅎ'을 어떤 음으로 제시할까? 이런 견해들은 대체로 'ㅎ'을 장애가 거의 발생하지 않는 접근음 혹은 활음으로 제시한다.
15　**여기서 잠깐!** [m, n, ŋ]은 한국어의 비음이 그런 것이 아니라 어느 언어에 존재하든 본질적으로 유성 자음이다.

발음할 때의 'ㄹ'을 전혀 구분하지 않는다. 그러나 한국어를 배우는 외국인 학습자 중에는 한국인들이 'ㄹ'을 발음할 때, 때에 따라 다른 발음을 한다고 말하는 이도 있을 것이다. 실제로 '서울, 물론'이라고 말할 때의 발음은 [l]로 실현되지만 '오리, 바람'이라고 말할 때의 발음은 [ɾ]로 실현된다.[16] 설측음 [l]는 혀끝을 윗잇몸에 대고 혀의 양 옆이 입안 볼에 접촉하지 않도록 하여 기류가 그 옆으로 흐를 수 있도록 열어 놓은 채 조음이 이루어진다. 따라서 숨이 차서 발음을 멈추지 않는 한 지속적으로 발음할 수 있다. 반면 탄설음은 혀끝을 윗잇몸에 순간적으로 접촉시켰다가 떼어야 하기 때문에 지속적으로 발음할 수 없는 음이다. 그렇다고 그 접촉의 시간이 길면 또 영어의 유성치경파열음 [d]와 같은 음이 되기 때문에 주의할 필요가 있다. 이런 구분을 앞서 언급한 대로 한국인들은 일상생활에서 전혀 인식하지 않은 채 사용하며 'ㄹ'은 대개 음소적으로 설측음 /l/로 전사하고 유성 자음이다.[17] 그러나 한국어에 존재하는 자음들은 유·무성을 기준으로 대립쌍을 이루는 경우가 존재하지 않는다.

(2) 중국어의 자음 체계

중국어의 자음은 모두 22개로 조음 위치에 따라 일곱 가지, 조음 방법에 따라 여섯 가지 유형으로 분류할 수 있다. 중국어 자음을 설명할 때에는 조음 위치와 조음 방법이 앞서 한국어 자음과 동일하여 이미 자세히 설명한 것은 간략하게 언급하기로 하겠다. 대신 중국어의 음운학 전통이 중고(中

---

16 **여기서 잠깐!** 탄설음으로 발음되는 경우의 한국어 'ㄹ'을 IPA [r]로 제시하는 경우를 종종 볼 수 있을 것이다. 원래 [r]은 전동음을 나타내는 기호지만, 이런 경우는 설측음과의 구분만을 생각하여 편의상 탄설음 기호 [ɾ] 대신하여 사용한 것으로 볼 수 있다.
17 **여기서 잠깐!** 설측음 [l]도 한국어에서만 유성 자음이 아니라 어느 언어에 존재하든 본질적으로 유성 자음이다.

古) 중국어 시절부터 이어져 매우 오랜 전통을 지니고 있음으로 인해[18] 현대 음운학적인 용어 외에 중국에서 더욱 익숙하게 사용해온 용어들이 존재하는 경우 이를 함께 제시하도록 하겠다.

[표 2] 중국어의 자음 체계

조음 방법		조음 위치	양순음	순치음	치음	치경음	후치경음	경구개음	연구개음
파열음	무기		b [p]			d [t]			g [k]
	유기		p [pʰ]			t [tʰ]			k [kʰ]
파찰음	무기				z [ts]		zh [tʂ]	j [tɕ]	
	유기				c [tsʰ]		ch [tʂʰ]	q [tɕʰ]	
마찰음				f [f]	s [s]		sh [ʂ]	x [ɕ]	h [x]
비음			m [m]			n [n]			ng [ŋ]
유음	설측음					l [l]			
	접근음						r [ɻ]		

① 조음 위치에 따른 중국어 자음의 분류

중국어의 자음은 조음 위치에 따라 일곱 가지로 분류할 수 있다. 먼저 아래위 입술이 작용하여 만들어지는 양순음에는 [p, pʰ, m]가 있고, 윗니와 아래 입술의 작용으로 생성되는 순치음에는 [f]가 존재한다. 양순음과 순치음은 모두 입술에서 조음되므로 모두 순음에 해당한다.

한국어 자음에서 설명했던 것과 동일하게 치음과 치경음에 대한 분류는 연구자마다 다르게 제시할 수 있다. 다만 본서에서는 중국어 자음 [ts, tsʰ, s]가 [t, tʰ, n, l]에 비해 조음점이 확실히 윗니라는 점을 고려하여 이 두 부류의 음을 각각 치음과 치경음으로 분류하기로 한다.[19] 중국에서는 혀의

18　**여기서 잠깐!** 중국어 음운 변화의 오랜 역사를 편의상 조대(朝代)별로 제시할 때 중고중국어는 '위진 남북조(魏晉南北朝), 수(隋), 당(唐)' 나라 때에 사용하던 중국어를 가리키므로, 약 3~9세기까지 통용되던 중국어라고 할 수 있다.

위치에 중점을 두어 치음과 치경음을 대신하여 각각 설첨전음, 설첨중음이라는 용어를 사용하기도 한다.

후치경음은 많은 중국어 음운학 서적에서 권설음으로 제시하는 음이다. 사실 필자의 경우도 권설음이라는 용어를 더욱 선호하는 편인데, 일단 조음되는 위치의 일관된 제시를 위해 치경보다 입 안쪽으로 더 들어간 부분에서 조음이 된다는 의미에서 본서에서는 후치경음이라는 용어를 사용하기로 하겠다. 그러나 중국어의 후치경음은 영어의 후치경음 [tʃ, dʒ, ʃ, ʒ]와 같은 일반적인 경우와 달리 혀를 교설하는 작용이 함께 동반되어야 하기 때문에 권설음이라는 용어는 그런 특징을 반영한 개념임을 알아두기 바란다. 중국어의 후치경음에는 [tʂ, tʂʰ, ʂ, ɻ]가 있고 혀의 위치에 중점을 둔 중국식 용어로 설첨후음이 바로 이 유형의 자음을 일컫는다.

한국어 자음에서도 설명한 바 있는데 경구개는 후치경을 지나 입천장의 딱딱한 부분을 일컬으며 혓바닥, 즉 설면(舌面)이 경구개와 작용하여 만들어내는 음을 경구개음이라고 한다. 중국어의 경구개음에는 [tɕ, tɕʰ, ɕ]가 있고, 혀의 위치에 중점을 둔 중국식 용어, 설면음이 바로 이 유형의 자음을 가리킨다. 또 경구개를 지나면 목구멍 쪽으로 말랑말랑한 연구개가 있는데 혀끝, 즉 설근(舌根)이 작용하여 만들어내는 음을 연구개음이라고 한다. 중국어 자음에는 [k, kʰ, x, ŋ]이 이 유형에 속하고, 중국에서는 역시나 조음이 일어나는 혀의 위치에 중점을 두어 설근음이라는 용어를 자주 사용한다. 한국어와 마찬가지로 연구개음 중 [ŋ]은 다른 자음들과는 달리 음절의 성모

---

19 **여기서 잠깐!** 어떤 연구자들은 치음이라는 명칭이 옳지 않다고 주장하며 설치음을 대안으로 제시하기도 하지만 중국어에는 앞서 설명했던 전형적인 치음, 즉 치간음이 존재하지 않기 때문에 중국어 음운 체계에서 이들 그룹을 치음으로 제시하여도 음소 간 마찰(conflict)이 생기지 않는다. 동시에 치경음에 비해 상대적으로 윗니와의 작용이 긴밀한 음들을 치경음과 변별적으로 구분해 줄 수 있어 유용하기도 한다. 사실 설치음이라는 개념은 일반적으로 사용하는 용어가 아니므로 본서에서는 치음으로 해당 자음을 분류하기로 하겠다.

에서는 출현하지 않고 오직 운미에서만 출현한다.[20]

지금까지 제시한 조음 위치에 따른 중국어 자음의 분류를 편의상 한어병음을 사용하여 한눈에 알아볼 수 있도록 그림으로 간략히 제시하면 아래와 같다.

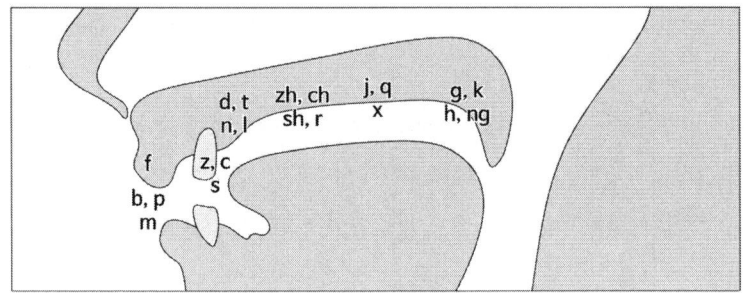

[그림 14] 조음 위치에 따른 중국어 자음

② 조음 방법에 따른 중국어 자음의 분류

조음 방법에 따라 중국어 자음은 모두 여섯 가지로 분류할 수 있다.[21] 먼저 한국어와 마찬가지로 중국어에도 다양한 파열음이 존재하는데 조음 위치에 따라 양순파열음, 치경파열음, 연구개파열음 [p, pʰ, t, tʰ, k, kʰ]가 있다. 제시된 IPA를 보면 쉽게 짐작할 수 있듯이 동일한 조음 위치에서 기식성에 따라 유·무기 파열음이 대립쌍을 이루고 있다.

중국어에는 한국어에 비해 상대적으로 다양한 파찰음이 존재하며 동일한 조음 위치에서 마찰음과 대립쌍을 이루는 특징을 보인다. 먼저 파찰음은

---

20 **여기서 잠깐!** 그러나 동일한 조음 방식의 자음일지라도 무기음과 유기음을 세분하여 유형의 가짓수를 나타낸다면 여덟 가지 유형이라고 할 수 있다.
21 **여기서 잠깐!** 한국어의 음절 구조와 중국어의 음절 구조에서 사용하는 용어가 각각 다르기 때문에 한국어에서는 초성과 종성이라는 용어를 사용하고, 중국어에서는 성모와 운미라는 용어를 사용하였다. 초성과 성모라는 용어는 두음을, 종성과 운미라는 용어는 말음을 가리킨다. 이 부분에 대한 논의는 7장을 참조하기로 하기 바란다.

조음 위치에 따라 치파찰음, 후치경파찰음, 경구개파찰음 [ts, tsʰ, tʂ, tʂʰ, tɕ, tɕʰ]가 있고 파열음과 마찬가지로 기식성에 따라 유·무기 대립쌍을 이룬다. 따라서 중국어에서는 [±aspirated]가 음소 변별에서 매우 중요한 자질로서 작용한다.

[표 3] 유·무기 자질에 의해 변별적인 중국어의 파열음과 파찰음

무기음	b [p]	d [t]	g [k]	z [ts]	zh [tʂ]	j [tɕ]
유기음	p [pʰ]	t [tʰ]	k [kʰ]	c [tsʰ]	ch [tʂʰ]	q [tɕʰ]

다음 중국어에는 상당히 다양한 마찰음이 존재하는데 조음 위치에 따라 순치마찰음, 치마찰음, 후치경마찰음, 경구개마찰음, 그리고 연구개마찰음 [f, s, ʂ, ɕ, x]가 있다. 이 중 [s, ʂ, ɕ]는 앞서 제시한 파찰음과 동일한 위치에서 조음되고 조음 방식만 달라 [ts, tsʰ, s], [tʂ, tʂʰ, ʂ], [tɕ, tɕʰ, ɕ]가 대립쌍을 이룬다.

[표 4] 동일한 조음 위치에서 조음되는 파찰음과 마찰음

조음 방법 \ 조음 위치	치음	후치경음	경구개음
파찰음	z [ts], c [tsʰ]	zh [tʂ], ch [tʂʰ]	j [tɕ], q [tɕʰ]
마찰음	s [s]	sh [ʂ]	x [ɕ]

연구개마찰음의 경우 IPA 사용에 주의를 기울여야 하는데 특히 한어병음 'x'와 혼동하지 않도록 해야 한다. 한어병음 'h'에 해당하는 연구개마찰음 [x]는 한국어 'ㅎ'이나 영어 'h'의 성문마찰음 [h]와 지각적으로 유사하게 들리지만 훨씬 마찰성이 강한 음으로서 마찰이 이루어지는 위치도 성문이 아니라 연구개임을 알아 두어야 한다. 중국인들이 '很'을 발음할 때 잘 들어

보면 한국어의 '흔'을 발음할 때보다 훨씬 마찰성이 강한 거친 음질임을 쉽게 감지할 수 있다. 지금까지 제시한 중국어의 파열음, 파찰음, 마찰음은 모두 무성 자음에 해당한다. 이제부터 설명할 비음과 유음은 앞서 한국어 설명에서 언급한 바 있듯 모두 유성 자음이다. 중국어의 경우도 유·무성에 의해 자음이 변별적인 경우는 존재하지 않는다. 따라서 [±aspirated]가 중국어 자음 변별에서 매우 중요한 작용을 하는 자질인 것에 반해 [±voiced]는 변별적인 작용을 하지 않는다.²² 중국어 자음에도 한국어와 마찬가지로 비음 [m, n, ŋ]이 존재하지만, [ŋ]이 성모 자리에 출현할 수 없는 것과는 반대로 [m]는 성모 자리에만 출현할 수 있다. 즉 중국어는 한국어와는 달리 [m]로 끝나는 음절을 허용하지 않는다. 사실 중국어에서 말음 자리에 출현할 수 있는 자음은 비음 뿐인데, 비음 중에서도 오직 [n]와 [ŋ] 뿐이다.

중국어에는 유음에 해당하는 자음이 [±lateral]을 기준으로 서로 다른 자음 [l]와 [ɻ]가 존재한다.²³ 전자는 유음 중에서 [+lateral]의 자질을 지니는 반면 후자는 [-lateral]의 자질을 지닌다. 유음 자체가 장애가 거의 이루어지지 않는 음으로서 자음 중에서 모음과 비슷한 음이라고 하지만 설측음인 [l]보다 접근음으로 분류되는 [ɻ]가 더욱 기류의 흐름이 방해를 받지 않는 음이다. 중국어 음운 체계를 제시한 다른 연구나 서적들에서 한어병음 'r'의 음가를 후치경마찰음 [ʐ]로 제시한 경우를 종종 볼 수 있을 것이다. 이 음은 한어병음 'sh'가 무성음인 것에 반해 이를 유성음으로 발음하면 실현

---

22 **여기서 잠깐!** 이러한 자질의 변별성은 언어마다 다른 것으로 영어의 경우 [±voiced]가 매우 중요한 변별적 기능을 한다. 영어의 [b]와 [p], [d]와 [t], [g]와 [k]는 모두 앞의 것이 유성, 뒤의 것이 무성으로, 각각의 대립쌍이 조음 위치가 동일한 파열음이지만 오직 유·무성만으로 음소 변별이 이루어진다.

23 **여기서 잠깐!** IPA [ɻ] 대신 [ɹ]이나 [r]을 제시하는 경우를 보게 된다면 이는 소위 'r' 계열에 해당하는 중국어 자음이 권설성을 띠는 후치경마찰음 밖에 없기 때문에 편의상 그러한 음성 기호를 사용한 것으로 간주하길 바란다. 본서에서는 권설성을 띠는 다른 자음들에 모두 구별기호 '.'를 사용하였으므로 일관된 제시를 위해 한어병음 'r'의 음가 역시 [ɻ]를 사용하여 제시하기로 한다.

되는 음을 가리킨다. 실제로 모어 화자의 발음 중에는 한어병음 'r'을 발음할 때 마찰성을 동반하는 경우가 존재하기도 한다. 그러나 본서에서는 한어병음 'r'의 발음을 접근음 [ɻ]로 일관되게 제시할 것인데 그 이유는 다음 두 가지에서이다. 최근 표준 중국어를 발음하는 많은 화자들의 발음에서 한어병음 'r' 발음에 마찰성이 동반되지 않는 경우가 많다. 또한 만약 마찰음 [ʐ]로 제시하면 중국어 자음 체계에는 [±voiced]로 변별되는 대립쌍이 존재하지 않는데 오직 한어병음 'sh'과 'r'에 해당하는 [ʂ]과 [ʐ]라는 하나의 대립쌍만이 존재하여 특이점을 나타나게 된다. 따라서 본서에서는 한어병음 'r'에 해당하는 중국어 자음을 음소적으로 접근음 [ɻ]로 전사할 것이다. 이에 중국어 자음 체계에서 [±voiced]로 변별되는 경우는 존재하지 않는다는 기술을 유효하게 유지할 것이다.

(3) 한·중 자음 체계 대조

한국어와 중국어의 자음 체계는 유사한 부분도 많지만 유사한 듯 유사하지 않은 부분이 있어 주의를 기울여야 한다. 우선 조음 위치 면에서 두 언어 체계에는 양순, 치경, 경구개, 연구개 등에서 조음 되는 자음이 모두 존재하지만 중국어에는 더욱 다양한 조음 위치에서 자음이 만들어진다. 순치음, 치음, 후치경음의 존재가 그것인데, 반면 한국어에는 중국어에 없는 성문음이 존재한다. 물론 한국어의 성문음 [h]는 중국어의 연구개음 [x]와 지각적으로 매우 유사하게 들리지만 이 두 음은 조음 위치 뿐만 아니라 조음 방법 면에도 차이가 나는 음임을 염두에 두어야 한다.

다음 조음 방법 면에서 두 언어 체계에는 파열음, 파찰음, 마찰음, 비음, 유음이 모두 존재한다. 다만 특히 파열음의 경우는 두 언어가 동일한 조음 위치에서 조음되지만 차이점은 한국어의 경우 삼지적상관속을 이루고 중국어의 경우 이지적상관속을 이루어 한국어의 파열음이 더욱 다양하다는 점이다. 따라서 중국어 화자가 한국어의 파열음을 발음하거나 인지할 때 유기파열음의 경우에는 큰 문제가 없지만 무기파열음의 경우에는 평음과 경음 사이에서 어려움을 겪을 수 있다. 실제로 중국어의 파열음은 출현하는 위치나 결합하는 성조에 따라 한국어의 평음과 유사한 경우와 경음과 유사한 경우가 모두 변이음으로 출현할 수 있다. 이것이 중국어 모어 화자에게는 음소적으로 구분이 되지 않으므로 더욱 어렵게 느껴질 수 있다.

파찰음과 마찰음의 경우 중국어에는 한국어보다 더욱 다양한 자음이 존재하는데 특이한 것은 치음, 후치경음, 경구개음의 경우 파찰음과 마찰음이 또한 쌍을 이루어 존재한다는 사실이다. 또 중국어에 존재하는 순치마찰음과 연구개마찰음이 한국어에는 존재하지 않는 대신 성문마찰음이 존재하는데 앞서 언급한 바대로 중국어의 연구개마찰음은 마찰성이 강한 반면 한국어의 성문마찰음은 마찰성이 거의 없어 중국어의 연구개마찰음의 음질이 훨씬 거칠게 실현된다.

비음의 경우 두 언어 모두 양순, 치경, 연구개에서 조음되는 동일한 자음이 존재하는데 한국어는 양순비음과 치경비음이 모두 음절의 두음과 말음에 출현할 수 있는 반면, 중국어는 치경비음만 두음과 말음에 모두 출현할 수 있으며 양순비음의 경우 두음에만 출현할 수 있다. 또 연구개비음의 경우는 두 언어 모두 두음에서 출현할 수 없으며 말음에만 출현할 수 있다. 일반적으로 한국어의 비음보다 중국어의 비음이 비음성이 더 강한 것으로 인식되어 있으며 특히 연구개비음이 세 가지 비음 중에서 비음성이 가장 강한 것으로 알려져 있다.

유음의 경우 두 언어 모두 설측성을 지닌 자음이 존재하고 중국어에는 설측성을 지니지 않는 자음이 변별적으로 존재한다. 한국어의 경우도 출현하는 음절 환경에 따라 변이음으로서 설측성이 존재하지 않는 유음이 출현하기는 하지만 이를 음소적으로 구분하지는 않는 반면, 중국어의 경우 설측성은 두 음소를 구분하는 중요한 자질이 된다.

한·중 자음 체계에서 유·무기 자질은 공통적으로 자음을 변별하는 중요한 자질이지만 유·무성의 경우 변별적인 작용을 하지 않는다. 따라서 본질적으로 유성 자음인 비음과 유음을 제외하면 두 언어 체계 모두 전형적인 유성 장애음, 즉 유성 자음이 존재하지 않는다.[24]

---

24 **여기서 잠깐!** 물론 이것은 자음 음소에 대한 것일 뿐 변이음으로 출현하는 경우는 얼마든지 존재한다.

5

한·중 모음 체계

　자음과 달리 모음은 음성 기관의 장애를 받지 않고 기류가 비교적 쉽게 통과하며 생성되는 소리를 가리킨다. 모음을 구분하는 기준은 혀의 높낮이와 혀의 앞뒤를 나타내는 혀의 위치와 입술이 동그랗게 모아지는지 아닌지를 기준으로 하는 입술의 모양이다. 즉 혀의 위치를 기준으로 할 때에는 먼저 높낮이를 기준으로 고모음, 중모음, 저모음으로 나누고, 혀의 앞뒤를 기준으로 할 때에는 전설, 중설, 후설로 나눈다. 또 입술의 모양을 기준으로 할 때에는 입술이 동그랗게 모아지는 원순모음과 그렇지 않은 비원순모음, 즉 평순모음으로 나눈다. 일반적으로 모음은 매우 전형적인 유성음이며 유형학적으로 가장 많은 언어들이 지닌 흔한 모음 체계는 [a, e, i, o, u]를 갖춘 5모음 체계로 알려져 있다. 그러나 하나의 언어 체계에 존재하는 모음의 유형과 개수에 대한 견해는 연구자마다 매우 다양하다. 이는 자음의 개수에 대한 견해가 대체로 일치를 이루는 것과는 매우 대조적이다. 비교적 분명하게 장애를 동반하며 조음되어 그 경계가 상대적으로 분명한 자음과는 달리 모음은 입술의 모양이나 혀의 위치가 조금만 변하여도 다른 모음으로 인식될 수 있기 때문이다. 모음은 일반적으로 모음 사각도에 제시한다.

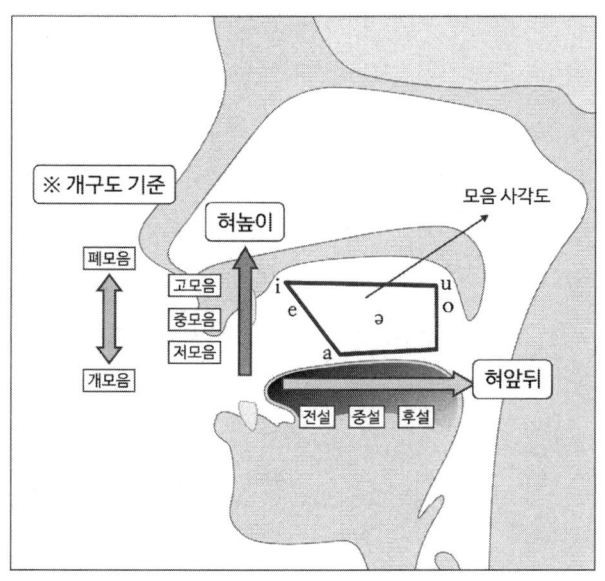

[그림 15] 모음 사각도

    모음 사각도의 테두리는 모음의 조음 한계선을 표시하는 것으로 모든 모음은 그 조음 한계선 내에서 이루어지는 것으로 이해할 수 있다. 또 모음 사각도를 볼 때에는 우리의 얼굴을 양쪽 측면에서 바라볼 때의 구강 안을 나타낸 것으로 이해해야 한다. 즉 모음 사각도에서 위에 위치할수록 고모음이고 아래로 갈수록 저모음이며, 좌측 앞부분으로 갈수록 전설모음이고, 우측 뒷부분으로 갈수록 후설모음으로 보면 된다. 고모음을 조음하려면 혀의 위치가 올라가야 하고, 그러려면 입을 다물어야 하기 때문에 입의 개폐(開閉)를 기준으로 고모음을 폐모음이라고 한다. 반대로 저모음을 조음하려면 혀의 위치가 내려가야 하고, 그러려면 입을 벌려야 하기 때문에 저모음을 개모음이라고 한다.[25] 혀를 자연스럽게 가만히 둔 채로 입을 많이 벌려서 발음하면 한국어 모음 'ㅏ' 소리가 나고, 입을 벌리지 않으면 'ㅡ'

---

25 **여기서 잠깐!** 이렇게 입이 벌어지는 정도를 개구도(開口度)라고 한다.

소리가 난다. 즉 한국어 모음 'ㅏ'는 혀가 내려가는 저모음이고, 'ㅡ'는 혀가 내려가지 않는 고모음이다. 모든 언어에 존재하는 모음들에는 혀의 높이에 따른 차이가 있다고 한다. 따라서 어떤 언어에 모음이 두 개 존재한다면 그것은 반드시 혀의 높이에 따른 차이로 유형이 나뉠 것이다.

혀의 위치에 따른 구분에는 앞서 언급한 것처럼 앞뒤를 고려해서 유형이 나뉠 수도 있다. 혀의 앞뒤로 모음을 구분할 때에는 자음을 조음의 위치로 구분하는 것과 비슷한 맥락으로 이해할 수 있는데, 입천장에 가까워지는 혀의 부위에 따라 전설과 후설로 나눈다.[26]

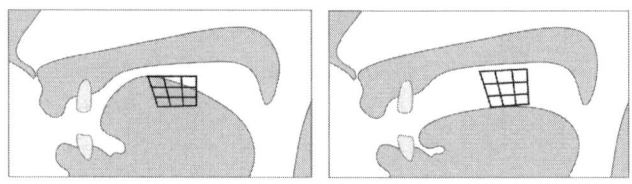

[그림 17] 혀의 높낮이에 따른 모음의 분류

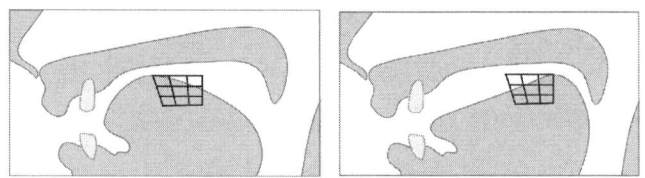

[그림 18] 혀의 앞뒤에 따른 모음의 분류

---

26 **여기서 잠깐!** 음운학에서 말하는 혀 부위의 명칭을 위치별로 제시하면 다음과 같다.

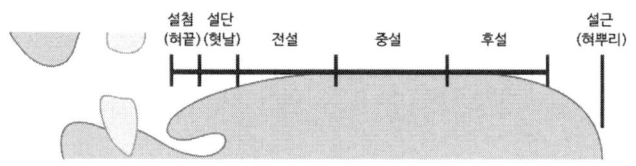

[그림 16] 혀 부위별 명칭

[그림 17]의 좌측 그림은 혀가 입천장과 가까우므로 고모음을 나타내고 우측 그림은 혀가 입천장에서 멀리 떨어져 있으므로 저모음을 나타낸다. 또 [그림 18]의 좌측 그림은 혀의 앞부분이 입천장에 가까우므로 전설모음이고, 우측 그림은 혀의 뒷부분이 입천장과 가까우므로 후설모음이다. [그림 17]과 [그림 18]의 좌측 그림은 사실상 동일한 그림으로 모두 전설고모음을 나타내며 한·중 모음 체계에 모두 존재하는 [i]가 전형적인 이 유형의 모음에 해당한다. 다음 [그림 17]의 우측 그림은 중설저모음을 나타내고 역시 한·중 모음 체계에 모두 존재하는 [a]가 전형적인 이 유형의 모음이다. 마지막 [그림 18]의 우측 그림은 후설고모음을 나타내며 한·중 모음 체계에 모두 존재하는 [u]가 전형적인 이 유형의 모음이다.

모음을 발화하는 과정에서 혀의 위치와 입술의 모양에 변화 없이 단일한 분절음으로 발음되는 모음을 단모음이라고 한다. 다시 말해, 단모음은 조음 시 음성 기관의 모양에 변화가 없는, 하나의 분절음으로 이루어진 모음을 가리킨다. 반면에 발화하는 과정에서 혀의 위치나 입술의 모양에 변화가 발생한다면 단일한 분절음으로 이루어진 것이 아니므로 복모음이 된다. 즉 복모음은 조음 시 음성 기관의 모양에 변화가 발생하며 둘 이상의 분절음으로 이루어진 모음을 가리킨다. 따라서 복모음 중에 분절음 두 개로 이루어진 것은 이중모음, 세 개로 이루어진 것은 삼중모음이라고 한다.

자연 상태에 존재하는 언어들은 가능한 한 전설과 후설의 모음 수를 동일하게 가져 대칭성을 이루려는 경향이 있고, 주변부 모음에서 중앙부 모음으로 확장하려는 경향이 있다고 한다. 따라서 모음에 대한 지각은 특정 위치의 점으로 표시하기보다는 영역으로 표시하는 것이 더 합리적일 것이다. 아래 그림을 보자.

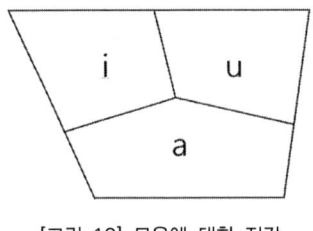

[그림 19] 모음에 대한 지각

위 그림에서 모음 [i, u, a]는 점이 아닌 영역으로 표시되어 있다. 따라서 어떤 언어에 이렇게 세 개로 이루어진 모음 체계가 존재한다면 표시된 영역 안에서는 조금씩 다르게 발음되는 음성일지라도 그 영역의 모음으로 인식할 것이다. 따라서 이 언어의 모음 체계는 /i, u, a/라고 할 수 있다.

(1) 한국어의 단모음 체계

한국어 모음의 개수에 대한 견해는 연구자마다 차이가 존재한다. 본서에서는 서로 다른 몇 가지 견해를 함께 소개하여 음운학적으로 모음을 바라보는 다양한 시각에 대한 이해를 도모하고자 한다. 먼저 한국어의 모음을 10개로 제시하는 견해를 '10 모음 체계설'로 명명하고 표로 제시하면 [표 5]와 같다.

[표 5] 한국어의 10 모음 체계설

혀의 높이 \ 혀의 앞뒤 입술 모양	전설모음		후설모음	
	평순	원순	평순	원순
고모음	ㅣ /i/	ㅟ /y/	ㅡ /ɯ/	ㅜ /u/
중모음	ㅔ /e/	ㅚ /ø/	ㅓ /ʌ/	ㅗ /o/
저모음	ㅐ /ɛ/		ㅏ /a/	

한국어의 모음을 10개로 제시하는 견해에서는 'ㅔ'와 'ㅐ'를 서로 다른 모음 음소로 간주하며 'ㅟ'와 'ㅚ'도 단모음으로 간주한다. 표에 제시된 것처럼 전설모음과 후설모음이 대칭성을 이루고 있어 보기에 가지런한 체계를 이룬다. 또 전설모음과 후설모음에 원순성에 따라 대립되는 모음 음소가 네 쌍 존재한다. 즉 /i/와 /y/, /e/와 /ø/, /ɯ/와 /u/, /ʌ/와 /o/가 [±round]에 의해 변별적이다. 그러나 필자는 한국어 모어 화자로서 먼저 'ㅔ'와 'ㅐ'가 음소적으로 구분된다는 것에 동의하기 어려우며, 'ㅟ'와 'ㅚ'가 단일한 분절음으로 이루어진 단모음이라는 것에도 동의하기가 어렵다.

다음 한국어의 모음을 8개로 제시하는 견해를 '8 모음 체계설'로 명명하고 표로 제시하면 아래와 같다.

[표 6] 한국어의 8 모음 체계설

혀의 높이 \ 입술 모양 \ 혀의 앞뒤	전설모음	후설모음	
	평순	평순	원순
고모음	ㅣ /i/	ㅡ /ɯ/	ㅜ /u/
중모음	ㅔ /e/	ㅓ /ʌ/	ㅗ /o/
저모음	ㅐ /ɛ/	ㅏ /a/	

한국어의 모음을 8개로 제시하는 견해에서는 후설모음만 [±round]가 변별적으로 작용하여 /ɯ/와 /u/, /ʌ/와 /o/가 대립쌍을 이룬다. 그리고 '10 모음 체계설'에서 단모음으로 제시하는 'ㅟ'와 'ㅚ'를 분절음 두 개로 이루어진 이중모음으로 간주한다. 즉 각각 [wi]와 [we]로 보는 관점인데 이 부분에 대해서는 필자와 견해를 같이한다. 다만 '8 모음 체계설'에서도 여전히 'ㅔ'와 'ㅐ'를 각기 다른 모음으로 제시하고 있는데 이 부분은 역시 필자와 견해를 달리한다.

어떤 분절음이 한 언어 체계에서 음소인지 아닌지를 구분하는 가장 초보적이고 쉬운 방법 중에 하나가 최소 대립쌍을 활용하는 것이다. 예를 들어 'ㅔ'와 'ㅐ'에 대해 한국인이 음소적으로 구분하는가를 알아보기 위해 '게'와 '개'라는 최소 대립쌍을 설정하고 100개쯤 무작위로 섞어 모어 화자에게 들려준 후 이 둘에 대한 구분이 완벽한지를 청취 실험하는 것이다. 음소라는 것은 모어 화자라면 반드시 구분이 가능해야 하기 때문에 만약 '게'와 '개'를 무작위로 섞은 100개의 최소 대립쌍을 모어 화자들이 어느 것이 '게'이고 어느 것이 '개'인지 100% 완벽하게 구분할 수 있다면 'ㅔ'와 'ㅐ'는 분명히 한국어의 서로 다른 모음 음소라고 할 수 있다. 그러나 단언컨대 표준어를 쓰는 한국어 모어 화자가 이 둘을 완벽하게 구분한다는 것은 불가능한 일일 것이다. 과거 'ㅔ'와 'ㅐ'를 구분하던 시절이 있었다고 한다. 그러나 표준 한국어의 현실음에서 이 둘의 구분은 이미 사라졌으며 일부 방언에만 남아 있다.

　따라서 본서에서는 한국어의 모음을 7개로 제시하는 견해를 지지하며 이런 견해를 '7 모음 체계설'이라고 명명한다. 다만 동일한 '7 모음 체계설'에도 서로 다른 두 가지의 제시 방법이 존재한다. 다시 말해, 한국어에 중설 모음이 존재하는 것으로 제시하는 방법과 전설과 후설로만 제시하는 방법이 그것이다. 차례로 제시하면 아래와 같다.

[표 7] 한국어의 7 모음 체계설 (중설모음 인정)

혀의 앞뒤 입술 모양 혀의 높이	전설모음 평순	중설모음 평순	후설모음 원순
고모음	ㅣ /i/	ㅡ /ɨ/	ㅜ /u/
중모음	ㅔ /e/	ㅓ /ə/	ㅗ /o/
저모음		ㅏ /a/	

[표 8] 한국어의 7 모음 체계설 (중설모음 불인정)

혀의 앞뒤 입술 모양 혀의 높이	전설모음	후설모음	
	평순	평순	원순
고모음	ㅣ /i/	ㅡ /ɯ/	ㅜ /u/
중모음	ㅔ /e/	ㅓ /ʌ/	ㅗ /o/
저모음		ㅏ /a/	

 '7 모음 체계설'이 '10 모음 체계설'이나 '8 모음 체계설'과 가장 다른 것은 앞서 언급한 대로 'ㅔ'와 'ㅐ'가 한국어 표준어 화자 현실발음에서 그 구분이 사라졌음을 인정한다는 것이다. 다만 [표 7]에서는 'ㅡ, ㅓ, ㅏ'를 중설모음으로 간주하는 반면 [표 8]에서는 이 모음들을 후설모음으로 간주하고 있다는 점에서 다르다. 관점이 다름에 따라 사용하고 있는 IPA도 다르다. 'ㅡ'의 음가로 제시된 /i/와 /ɯ/는 각각 중설과 후설모음에 사용되는 기호이다. 또 'ㅓ'의 음가로 제시된 /ə/와 /ʌ/도 각각 중설과 후설모음에 사용되는 기호이다. 사실 'ㅏ'의 경우도 /a/는 중설모음을 나타내는 기호이므로 후설모음을 나타내는 /ɑ/를 써야 하지만 필자가 검토한 바에 따르면 후설모음으로 제시하는 경우도 대체로 /a/로 제시하는 관련 연구나 서적이 많다. 두 가지 '7 모음 체계설'에서 또 다른 차이점은 중설모음을 인정하는 경우 한국어의 모음 체계에는 원순모음이 /u/, /o/ 두 개 존재하며 원순성이 변별적인 경우는 존재하지 않는다. 그러나 중설모음을 인정하지 않는 경우 한국어의 모음 체계에는 두 개의 원순모음과 [±round]로 변별되는 대립쌍이 /ɯ/와 /u/, /ʌ/와 /o/ 두 개가 존재하게 된다.
 전설모음의 경우는 명확히 구분하는 것에 이견(異見)이 존재하지 않는 것에 비해 중설모음과 후설모음 사이에서 이런 이견이 존재하는 것은 중설모음이 전설 보다는 후설에 가깝게 조음되기 때문이다. 때문에 중설모음을

후설모음이 조음될 때와 혀의 위치에 큰 차이가 없다고 판단하는 경우 이를 후설모음으로 모두 간주하는 경우가 생기는 것이다. 그러나 본서에서는 중설모음의 위치를 제시하는 [표 7]과 같은 견해를 지지하기로 한다. 본서는 한국어 음운 체계뿐만 아니라 한·중 음운 체계 대조를 통해 최종적으로 중국어 음운 체계에 대한 이해를 도모하는 것이 목적이므로 중설모음을 견지하는 것이 대조와 분석에 효과적이기 때문이다.[27]

(2) 중국어의 단모음 체계

중국어 모음에 대한 견해 역시 연구자마다 매우 다양한 것으로 파악된다. 제시하는 개수의 차이는 한국어보다 더욱 차이가 커서 적게는 두 개에서 많게는 19개까지 제시되는 경우도 있다. 아무리 모음의 경계에 대한 지각이 자음의 경계보다 불분명하다고 해도 제시되는 모음의 개수가 이렇게 크게 차이가 나는 것은 비단 지각의 문제가 아닐 것이다. 필자가 조사한 바에 따르면 중국어 모음 관련 연구나 서적에서 모음을 제시할 때 그 기준이 다른 것으로 파악된다. 이를 이해하기 위해 먼저 기저형과 표면형에 대한 이해가 필요하다. 기저형은 언어 수행적 차원이 아니라 언어 능력의 차원에 속하며 매우 추상적인 성격을 지닌다. 반면 표면형은 기저형에 어떤 음운 규칙이 적용되어 실제 발화에 출현하는 음성 형식을 가리킨다. 음운학에서는 기저형이 음소라면 표면형은 각종 변이음을 가리키는 개념이다.

---

27 **여기서 잠깐** 이처럼 음운학의 영역은 추상적인 영역을 다루므로 그 경계가 다소 모호한 경우가 있다. 다시 말해 그것이 전체적인 체계에 영향을 미치지 않는다면 개념의 융통적인 적용이 가능하다는 것이다. 따라서 음운학 연구의 경우 연구자가 연구와 분석에 효율적인 방향을 선택적으로 제시할 수 있다. 다만 선택에 따라 스스로의 분석에서 모순이 발생하지 않도록 주의할 필요가 있다. 반면 음성학의 경우 기계적인 분석의 도움을 받아 물리적인 음을 해석하기 때문에 이와 같은 애매모호함이나 융통성이 통하지 않는다.

일반적으로 중국어 모음의 개수가 5-6개 이하라면 기저형을 기준으로 제시한 경우가 많고 10개 이상이면 대부분 표면형을 기준으로 제시한 경우이다. 본서에서는 한국어 단모음 체계에 대한 기술과 마찬가지로 몇 가지 주요한 중국어 모음 유형에 대한 서로 다른 견해를 제시하여 모음을 분류하는 다양한 음운학적 관점에 대한 이해를 도모하고자 한다.

먼저 중국어 한어병음방안에서 모음 표기를 위해 사용한 라틴알파벳을 모음 음소로 간주하여 제시했던 비교적 전통적인 관점을 '6 모음 체계설'이라고 명명하고 제시해 보겠다.

[표 9] 중국어의 6 모음 체계설

혀의 높이 \ 혀의 앞뒤, 입술 모양	전설모음		중설모음	후설모음
	평순	원순	평순	원순
고모음	/i/	/y/		/u/
중모음	/e/			/o/
저모음			/a/	

중국어에 6개의 모음이 존재한다고 하는 연구들은 대체로 한어병음으로 모음을 제시하는데 'i, u, ü, a, o, e'가 그것이다.[28] 한어병음방안의 모음 체계와 일치하기 때문에 일반인들이 쉽게 이해할 수 있다는 장점이 있지만 모음의 음가를 제대로 표현해줄 수 없다는 단점이 있다. 왜냐하면 동일한 한어병음으로 제시되지만 음절 구조에 따라 다양하게 실현되는 서로 다른

---

28 여기서 잡깐! '6 모음 체계설'을 제시한 비교적 전통적인 견해들은 한어병음방안에 쓰인 라틴알파벳을 그대로 제시하여 중국어의 모음을 가리키는 경우가 대부분이다. 그러나 IPA에서 'ü'는 중국어 모음 /y/와 전혀 다른 모음을 나타내고, 기호 'a'는 중설이 아닌 후설에서 조음되는 모음이지만 그런 부분들에 대한 세심한 고려가 결여된 경우가 많다. 이에 본서 [표 9]에서는 적절한 IPA로서 해당하는 모음을 제시하였다.

모음을 정확하게 제시할 수 없기 때문이다. 일례로 한어병음 'e'를 모음 음소로 간주하면 한어병음으로 제시하는 음절 'de', 'pei', 'bie', 'teng'의 'e'가 동일한 기저형으로부터 어떤 음운 규칙을 통해 실현되는 표면형이라는 것인데 일관된 음운 규칙의 제시가 어렵다.[29]

다음 중국어 모음으로 5개의 모음을 제시하는 '5 모음 체계설'이 있다. 5 모음 체계에서는 /i, u, y, ə, a/ 5개의 모음을 기저형, 즉 중국어 모음 음소로서 상정하고 있다.

[표 10] 중국어의 5 모음 체계설

혀의 높이	혀의 앞뒤 입술 모양	전설모음		중설모음	후설모음
		평순	원순	평순	원순
고모음		/i/	/y/		/u/
중모음				/ə/	
저모음				/a/	

그렇다면 제시된 5개가 아닌 발음으로 실현되는 모음은 어떻게 설명할 수 있을까? '5 모음 체계설'에서는 이를 상보적 분포(complementary distribution)에 따른 변이음으로 간주한다. 상보적 분포란, 어떤 음들이 서로 출현하는 음절 환경이 겹치지 않게 분포한다는 것을 의미한다.[30] 즉

---

29 **여기서 잠깐!** 제시된 모음의 실제 발음을 순서대로 제시해 보면 각각 후설중고모음 [ɤ], 전설중고모음 [e], 전설중저모음 [ɛ], 중설중모음 [ə]로 모두 다른 모음으로 실현된다.
30 **여기서 잠깐!** 한국어에서 선행하는 음절 말음이 자음으로 끝나면, 즉 쉽게 말해 받침이 있으면 조사 '이'를 쓰고, 받침이 없으면 조사 '가'를 쓰는 것도 상보적 분포라고 말한다. 한국어의 주격 조사 '이'와 '가'가 출현하는 음절 환경은 상보적 분포에 처한다는 것이다. 다만 이 경우 왜 받침이 있으면 '이'가 되고 없으면 '가'가 되는지 설명은 불가능하다. 따라서 이 경우에 기저형은 단독으로 상정하지 않고 두 가지 경우 모두

동일한 기저형, 즉 하나의 음소가 여러 개의 변이음으로 실현될 때 그러한 변이음이 출현하는 음절 구조는 정해져 있고 서로 다르다는 것이다. 예를 들어 중국어 모음 /i/는 경구개음과 결합할 때에는 전설고모음 [i]로 실현되지만, 치음과 결합할 때에는 설첨모음인 중설고모음 [ɿ]로 실현되고, 후치경음과 결합할 때에는 권설모음인 중설고모음 [ʅ]로 실현된다는 것이다. 이들은 서로 상보적 분포에 속하기 때문에 혼란스럽게 출현할 가능성이 없다.

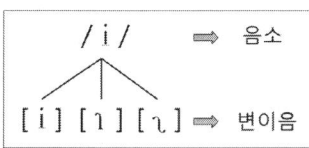

[그림 20] 중국어 모음 /i/와 변이음

또 중국어 모음 /a/의 경우에는 출현하는 음절 환경에 따라 다음과 같은 변이음으로 실현된다. 아래 그림에서 볼 수 있는 것과 같이 후설성을 지닌 [u]나 [ŋ] 앞에서 출현할 때에는 후설저모음 [ɑ]로 실현되고, 전설성을 지닌 [i]와 [n] 사이에 출현할 때에는 전설중저모음 [ɛ]로 실현된다. 그리고 그 외의 자리에서는 모두 중설저모음 [a]로 실현된다. 역시 이들은 모두 상보적 분포에 속하기 때문에 서로 교차되어 출현할 가능성은 없다.

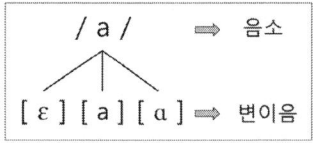

[그림 21] 중국어 모음 /a/와 변이음

를 기저형으로 삼는다. 어떤 한 문법 항목의 기저형이 반드시 한 개일 필요는 없다는 점에서 기저형은 매우 추상적인 개념이고 동사의 기본형 같은 개념과는 완전히 다른 개념이다.

상보적 분포의 관점에서 보면 '5 모음 체계설'은 상당히 일리가 있다. 그러나 대부분의 언어에서 상보적 분포에 의한 변이음은 그 수가 아주 많지는 않다. 그리고 변이음이라는 것은 일반적으로 모어 화자는 음소로 인식하기 때문에 음성적으로 서로 다른 분절음이라는 것을 잘 의식하지 못한다. 그러나 '5 모음 체계설'에 따르면 중국어에 출현하는 모든 중모음은 하나의 기저형, 즉 음소 /ə/로부터 서로 다른 음절 환경에서 실현되는 변이음으로 간주한다.

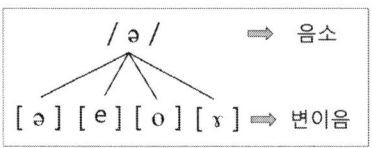

[그림 22] 중국어 모음 /ə/와 변이음

[그림 22]의 상황을 한어병음으로 제시된 음절 'deng', 'dei', 'dou', 'de'에 적용시켜 보면 볼드체로 제시된 한어병음의 실제 발음이 각각 [ə], [e], [o], [ɤ]인데 이들은 모두 기저형, 즉 음소 /ə/의 변이음이라는 것이다. 그런데 과연 이 모음들을 중국어 모어 화자가 하나의 음소로 귀납시킬지는 의문이다. 아무리 상보적 분포일지라도 모어 화자가 다른 음성으로 인식한다면 다른 모음인 것이지, 이들을 하나의 음소에 묶인 변이음으로 간주한다는 것은 설득력이 떨어지기 때문이다. 상보적 분포라는 이론적인 개념 때문에 실제로 모어 화자가 느끼는 어감에 대한 고려가 부족하다는 단점이 있다. 그에 따라 결국 한 언어의 모음 체계에 변이음이 너무 많이 존재하게 된다는 단점도 생기게 된다.

본서에서는 중국어의 모음을 8개로 제시하고 이를 '8 모음 체계설'로 명명하고자 한다. 기저형으로서 음소는 8개로 상정하고 음절 구조에 따라 실현되는 표면형을 기준으로 본다면 모두 12개의 서로 다른 모음이 실현된다.³¹ 그리고 기저형 8개 모음 이외의 표면형 네 개의 모음은 모두 상보적 분포에 의한 변이음으로서 실현되기 때문에 일반적으로 중국어 모어 화자들은 다른 모음으로 지각하는 것이 쉽지 않다.

[표 11] 중국어의 8 모음 체계설

혀의 높이 \ 혀의 앞뒤, 입술 모양	전설모음 평순	전설모음 원순	중설모음 평순	후설모음 평순	후설모음 원순
고모음	/i/	/y/	/ɨ/		/u/
중모음	/e/			/ɤ/	/o/
저모음			/a/		

'8 모음 체계설'에 따르면 중국어의 모음은 전설고모음과 중모음에서 [±round]로 변별되는 대립쌍이 /i/와 /y/, /ɤ/와 /o/ 두 개 존재한다. 중설고모음의 경우는 음소가 /ɨ/로 한 개 제시되고 있는데, 이 기저형은 표면으로 실현될 때에는 출현하는 음절 환경에 따라 각각 [ɿ]와 [ʅ]로 제시된다. 중국어 모음 /ɨ/는 모음 중에서 유일하게 스스로 음절을 구성하지 못하고 반드시 성모 자리에 자음이 올 때에만 음절을 이룰 수 있다.³² 다음은 8개의 모음 음소가 실제로 표면형으로 실현될 때 출현하는 변이음 12개를 표로 제시한 것이다.

---

31 **여기서 잠깐!** 중국어의 모음을 12개로 제시하는 연구는 표면형을 중심으로 모음 체계를 제시하는 경우이다.
32 **여기서 잠깐!** 자음은 스스로 음절을 구성하지 못하지만 모음은 원래 스스로 음절을 구성할 수 있다. 자세한 논의는 7장을 참조하기 바란다.

[표 12] 중국어 8 모음의 변이음

혀의 높이 \ 입술 모양 \ 혀의 앞뒤	전설모음		중설모음	후설모음	
	평순	원순	평순	평순	원순
고모음	[i]	[y]	[ɿ], [ʅ]		[u]
중고모음	[e]			[ɤ]	[o]
중모음			[ə]		
중저모음	[ɛ]				
저모음			[a]	[ɑ]	

표면형으로 출현하는 중국어의 12개 모음을 모음 사각도로 제시하면 아래와 같다.[33]

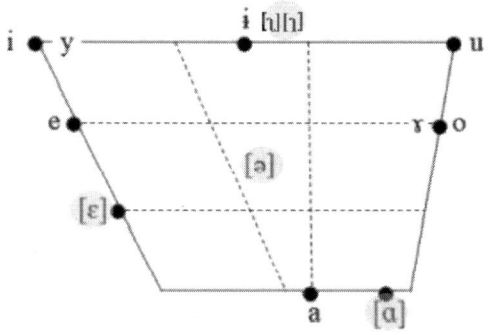

[그림 23] 표면형으로 실현되는 중국어 12 모음

앞서 언급한 바와 같이 '8 모음 체계설'에 따르면 몇몇 모음 음소는 음운 규칙에 기반하여 두 개의 변이음으로 실현될 수 있으며 이들의 출현은

---

33 **여기서 잠깐!** [그림 23]에서 불투명 동그라미로 표시된 것들은 변이음으로만 출현하는 경우들을 나타난 것이다.

상보적 분포를 이룬다. 먼저 저모음 /a/는 후행하는 분절음이 [+back] 자질을 가지는 경우, 즉 [u]와 [ŋ] 앞에서 뒤따르는 분절음의 후설성의 영향을 받아 동화의 일환으로 후설모음 [ɑ]로 실현되고 그 이외의 음절 환경에서는 중설모음 [a]로 실현된다.³⁴

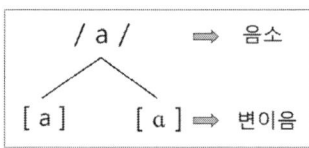

[그림 24] 저모음 /a/와 변이음

전설중모음 /e/는 복모음에서 선행하는 분절음이 /i/ 혹은 /y/인 경우 [ɛ]로 실현되고 그 외의 상황에서는 [e]로 실현된다. 모음 /e/가 중국어 음절에서 단모음으로 출현하는 경우는 없으며 복모음을 구성하는 분절음의 하나로 출현하는데, 유독 개음, 즉 운두에 전설고모음이 선행하고 자신이 주요모음, 즉 운복일 때 중저모음 [ɛ]로 실현된다.³⁵ 이는 하강이중모음이나 삼중모음일 경우와는 달리 상승이중모음일 때 개구도가 점차 증가하게 되는데 이때 모음의 발화 종료 지점의 혀높이가 조금 낮게, 즉 입이 조금 더 벌어지면서 마무리되기 때문에 중저모음인 [ɛ]로 실현되는 것으로 파악된다.³⁶ 그밖에 /u/가 선행하거나 운두가 없는 복모음에서 운복일 때에는

---

34 **여기서 잠깐!** 기저형의 설정은 일반적으로 그 기저형을 설정함으로써 경제적으로 표면형을 설명할 수 있는 경우를 선택한다. 따라서 이론적으로는 [a]와 [ɑ] 모두를 기저형으로 설정해도 문제가 되지 않지만 /a/를 선택하는 것이 변이음이 출현하는 상보적 분포의 상황을 경제적으로 설명할 수 있다.

35 **여기서 잠깐!** 중국어 음절 구조 중 성모를 제외한 나머지 부분을 운모라고 하고 운모는 개음인 운두, 주요모음인 운복, 말음인 운미로 세분된다. 중국어 음절 구조에 대한 자세한 논의는 7장을 참조하기 바란다.

36 상승이중모음이나 하강이중모음과 같은 개념에 대한 자세한 소개는 본 장의 (3)절을 참조하기 바란다.

모두 [e]로 발음된다.

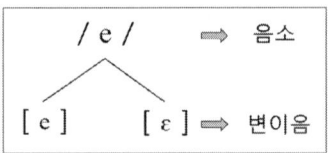

[그림 25] 전설중모음 /e/와 변이음

후설중모음 /ɤ/는 후행하는 분절음이 비음일 때, 즉 [n]이나 [ŋ]이 뒤따를 때 중설중모음 [ə]로 실현되고 단모음으로 출현할 때에는 [ɤ]로 실현된다.[37] 전체 음절에서 운모 부분이 단모음으로 이루어진 음절은 운미를 동반하는 경우보다 모음 한 개가 발화를 담당하는 시간이 길어지게 마련이다. 이에 비음 자음이 후행할 때에는 그 과정에서 상대적으로 짧게 발화되어 애매모음(schwa)인 [ə]로 실현되는 것으로 보인다.

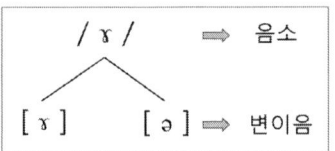

[그림 26] 후설중모음 /ɤ/와 변이음

마지막으로 앞서 언급한 바 있는 중설고모음 /ɨ/는 표면형으로 실현되는 [ɿ]와 [ʅ]의 기저형으로 제시된 모음 음소이다. 한국어에서 모음 [ɨ], 즉 'ㅡ'는 일반적인 모음과 마찬가지로 홀로 음절 구성이 가능하지만 중국어에서는

37　여기서 잠깐! 몇몇 음성학적 연구에서는 중국어 모음 /y/와 /ɤ/를 단모음이 아닌 이중모음으로 간주한다. 이는 두 모음의 경우 발화 초기 매우 짧게 전이(transition) 구간이 발생한다는 것인데 모어 화자가 이를 인지할 수 없으므로 물리적으로 단일한 음질이 아닐지라도 음운학적으로는 단모음으로 제시하는 것이 합리적이다.

불가능하며 치음과 함께 출현하든지 후치경음과 함께 출현하든지 해야 한다. 따라서 중국어 모음 음소 /i/는 치음 자음과 함께 발화될 때에는 [ɿ]로 실현되고, 후치경 자음과 함께 발화될 때에는 [ʅ]로 실현된다. 모두 중설모음에 속하지만 발화 지점을 보면 [ʅ]가 [ɿ] 보다 조금 더 앞쪽 혀에서 발화되는 것이 여러 연구를 통해 확인되었다. '5 모음 체계설'을 비롯해서 몇몇 연구들은 모음 음소 /i/가 상보적 분포에 의해 [i], [ɿ], [ʅ]로 실현되는 것으로 설명하지만 중국어 모어 화자의 지각을 기반으로 [i]와 [ɨ]는 다른 모음으로 인식된다. 반면 한어병음으로 제시된 'zi, ci, si'와 'zhi, chi, shi'의 모음이 동일한 모음인가라는 질문에 대해서는 모어 화자의 견해가 일치를 이루지 못한다. 어떤 모어 화자는 구분하는데 어떤 모어 화자는 구분하지 못하는 음소란 존재하지 않는다. 따라서 상보적 분포만으로 이들을 모두 하나의 음소로 귀속시키는 것은 확실히 다소 무리가 있다.[38] 이에 본서에서는 이들을 서로 다른 음소로 귀속시켜 제시하기로 한다.

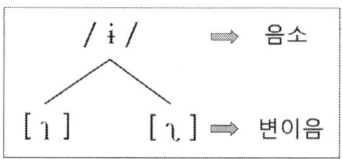

[그림 27] 중설고모음 /i/와 변이음

38　**여기서 잠깐!** 물론 역사적인 관점에서 보면 이들 [ɿ]와 [ʅ]는 [i] 계열에서 온 것이 맞다. 그렇지만 모음의 변화는 자음의 변화도 이끌었다. 역사적인 변천 과정이 현대 표준 중국어 모어 화자의 음소 지각을 넘어 모음 체계의 기저형을 설정하는 데에 무조건적으로 적용될 수는 없다. 사실 [ɿ]와 [ʅ]를 /i/의 변이음으로 간주하는 견해들은 자음 또한 19개로 제시해야 한다. 즉 어떤 한 그룹의 기저형이 존재하고 이것이 표면형 [tɕ], [tɕʰ], [ɕ]와 [ts], [tsʰ], [s] 그리고 [tʂ], [tʂʰ], [ʂ] 이렇게 세 그룹으로 실현되는 것으로 보아야 이론적으로 일관된 견해가 되기 때문이다. 이러한 견해를 제시하는 대표적인 학자로는 Duanmu(2007)를 들 수 있으며 그는 /ts/, /tsʰ/, /s/를 기저형으로 제시한다.

한 가지 주의할 것은 모음 음소로 제시된 IPA를 한어병음방안과 혼동하지 말아야 한다. 예를 들어 모음 음소 /e/는 한어병음으로 제시된 음절 'bei, bie, bian, jue, juan, ui' 등의 운모 부분에서 운복으로 모두 실현된다. 물론 표면형은 [e]와 [ɛ] 두 가지로 다르게 나타날 수 있다. 이는 한국어 모음 음소 /e/가 주어진 음절 환경에 따라 변이음 [e]와 [ɛ] 같이 서로 다른 변이음으로 실현되는 경우가 존재할지라도 한글로는 'ㅔ' 한 가지 방법으로 전사되는 것과 매우 대조적이다.[39] 사실 한글과 한어병음방안이 각 언어에서 차지하는 음운적인 지위는 매우 다르다. 한글은 한국인 화자의 음소 체계를 거의 정확하게 그대로 드러내지만 한어병음방안은 그렇지 못하기 때문이다. 이는 한국어와 달리 중국어는 애초에 한자라는 음성 정보를 줄 수 없는, 혹은 매우 제한적으로밖에 전달할 수 없는 서사 체계를 사용함으로써, 문자가 음소를 대변해 줄 수 없었기 때문이다. 또 보조적으로 음성 정보를 지원해 주는 한어병음방안 역시 중국어 음소에 따라 창제된 것이 아니라 라틴알파벳을 활용하여 국제적인 활용도를 갖추면서 중국어의 음성적인 정보를 어느 정도 전달할 수 있도록 편의를 위해 만든 것이기 때문이다.[40]

(3) 복모음과 활음

분절음 한 개로 이루어진 모음을 단모음이라고 한다면 분절음 두 개이상으로 이루어진 모음을 복모음이라고 한다. 따라서 복모음은 한 음절에

---

39 **여기서 잠깐!** 한국인들은 영어 이름 Ellie와 Ally를 모두 [엘리]로 발음한다. 즉 전자의 [e]와 후자의 [ɛ]를 음소적으로 구분하지 못한다는 것인데, 미국인 화자는 이 두 모음을 서로 다른 모음으로 인지하기 때문에 두 영어 이름은 완전히 다른 이름이다.
40 **여기서 잠깐!** 독자들의 편의를 위해 한어병음방안으로 제시된 중국어 407개 음절의 음가를 기저형과 표면형으로 IPA 전사한 것을 부록2에 제시하였다.

서 실현되지만 그 과정에서 음성 기관이 움직이게 되어 음가에 변화가 발생하게 된다. 즉 한 음절 안에 두 개의 분절음으로 이루어진 모음을 이중모음, 세 개로 이루어진 모음을 삼중모음이라고 하며 이들을 아우르는 개념이 복모음인 것이다. 한국어에는 이중모음만 존재하고 삼중모음이 없기 때문에 한국인들은 복모음이라는 개념보다 이중모음에 더 익숙하다. 반면 중국어에는 이중모음뿐만 아니라 삼중모음도 존재하기 때문에 모음을 설명할 때 항상 복모음의 개념을 사용한다. 다음은 한·중 복모음을 한글 자모와 중국어 한어병음으로 제시한 것이다.

[표 13] 한·중 복모음

한국어의 이중모음[41]	중국어의 이중모음	중국어의 삼중모음
ㅑ, ㅕ, ㅛ, ㅠ, ㅖ(ㅒ)	ie, ia	iao, iou
ㅘ, ㅝ, ㅟ, ㅞ(ㅙ)	uo, ua	uai, uei
	ei, ai, ou, ao	
ㅢ	üe	

2음절 한국어 단어 '오이'는 모음만으로 이루어진 단어지만 단모음 두 개로 이루어진 단어이며 이중모음으로 이루어진 음절은 아니다. 반면 1음절 단어 '왜'는 이중모음으로 이루어진 음절이다. 하나의 음절을 발음하는 데에 걸리는 시간은 일정량으로 정해져 있다. 따라서 하나의 음절을 구성하는 분절음의 수가 늘어나면 하나의 분절음에게 할당되는 시간이 줄어들게 마련이다. 다시 말해 각각의 분절음이 빠르게 실현된다는 것을 의미한다.

---

41 **여기서 잠깐!** 한국어의 이중모음 표기 중에 'ㅖ'와 'ㅒ', 'ㅞ'와 'ㅙ'는 앞서 단모음에서 'ㅔ'와 'ㅐ'가 음소적으로 동일한 음가를 지닌다는 관점과 일관되게 하나의 음성으로 제시하도록 하겠다. 사실 표준 한국어를 발화하는 모어 화자로서 필자는 실제 이 두 가지 경우의 이중모음의 발음을 서로 구분하지 못한다. 다만 맞춤법으로 구분할 뿐이다.

또 음절 안에서 맡은 역할에 따라 할당되는 시간의 양도 다르게 마련인데, 예를 들어 개음이나 말음에 출현하는 분절음보다는 주요모음에 출현하는 모음이 상대적으로 길게 조음된다. 따라서 개음으로 출현하는 모음은 조음시간이 매우 짧게 실현되기 때문에 활음의 형태로 실현된다.[42] 다음은 3음절 '아이야'를 발음할 때와 두 번째 음절이 이중모음인 2음절 '아야'를 발음할 때 스펙트로그램에서 보이는 차이를 나타낸 것이다.[43]

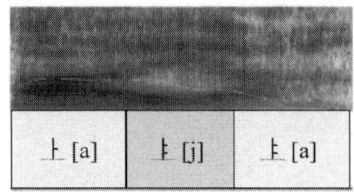 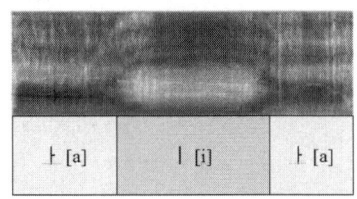

[그림 28] '아야' 스펙트로그램   [그림 29] '아이아' 스펙트로그램

[그림 29]의 '이' 구간과 [그림 28]의 '야' 구간을 비교해 보면 활음이 출현하는 구간은 '이'와 유사한 듯하지만 조음 속도가 더 빠르기 때문에 음향적으로 안정된 구간 없이 전이되는 구간만 나타나는 특징을 보인다. 성도(vocal tract)의 모양이 변하기 때문에 포먼트(formant)의 전이는 나타나지

---

42 **여기서 잠깐!** 활음(glide)은 어떤 한 음에서 다른 음으로 옮겨갈 때 생성되는 과도음, 혹은 전이음으로 이해되는 음으로서 연구에 따라서는 반모음이나 반자음의 용어를 사용하기도 한다. 그러나 본질적으로 모두 동일한 분절음을 가리키는 개념임에 주의하기 바란다. 모음과 유사한 성질을 지녔으나 매우 짧게 실현됨으로써 독립적으로 음절을 구성하지 못하므로 반모음이라는 개념을 쓸 수 있는 반면, 자음과 같이 독립적으로 음절을 구성하지 못하면서 모음과 매우 비슷한 성질을 지녀 반자음이라는 개념을 쓸 수 있다. 본서에서는 일관되게 활음이라는 용어를 사용하기로 하겠다.

43 **여기서 잠깐!** 스펙트로그램이란, 음성분석기를 통해 음파가 시간의 흐름 속에서 변화하는 스펙트럼의 특성을 2차원으로 나타내주는 것으로서 가로축은 시간, 세로축은 주파수를 표시해준다. 에너지가 커지면 명암이 짙은 패턴으로, 에너지가 작아지면 상대적으로 옅은 패턴으로 표시되며 짙은 가로선으로 형성되는 띠를 포먼트라고 하고 주파수가 낮은 것부터 제1포먼트, 제2포먼트, 제3포먼트라고 한다.

만 모음과 같이 안정된 구간이 매우 짧다.

  영어 자음 체계에는 /j/와 /w/가 존재한다. 사실 이 /j/와 /w/는 활음으로서 자음이라고 할 수 없지만 모음과 같이 독립적인 음절을 구성할 수 없으므로 영어에서는 이들을 자음 체계에 제시하고 조음 방법은 접근음으로 제시한다.[44] 따라서 영어 모어 화자는 이들을 모음과는 다른 음소로 구분하기 때문에 "an university', "an year', "an window'로 말하지 않고 'a university', 'a year', 'a window'와 같이 말한다. 만약 영어 모어 화자 머릿속에서도 한국어 모어 화자가 생각하는 것처럼 '유니버시티', '이어', '윈도우'와 같이 이들이 모음으로 시작하는 단어들이라고 생각되었다면 모두 부정관사 'an'을 붙였을 것이다. 사실 한국어로 '유니버시티'와 '이어'라고 발음할 때에도 활음 [j]가 실현되며, '윈도우'라고 발음할 때에도 [w]가 실현된다. 다만 한국어 모어 화자들은 이 활음의 존재를 음소적으로 인지하지 못하기 때문에 한국인들은 이들을 각각 모음 /i/와 /u/로만 인지한다. 그러나 사실 한국어 모음 음소 /i/와 /u/는 이중모음의 첫 번째 분절음, 즉 개음으로 출현할 때 각각 활음 [j]와 [w]로 실현된다. 이러한 현상은 중국어 복모음에서 동일하게 발생하여 모음 /i/와 /u/가 복모음의 첫 번째 분절음으로 출현할 때 역시 각각 활음 [j]와 [w]로 실현된다. 정리하자면 한·중 모음 중 /i/가 복모음에서 첫 번째 분절음으로 출현할 때에는 활음 [j]로 실현된다. 또 한·중 모음 /u/가 복모음에서 첫 번째 분절음으로 출현할 때에는 활음 [w]로 실현된다. 이 밖에 한국어 모음 /ɨ/가 복모음에서 첫 번째 분절음으로 출현할 때에는 활음 [ɯ]로, 중국어 모음 [y]가 복모음에서 첫 번째 분절음으로 출현할 때에는 활음 [ɥ]로 실현된다. 따라서 한·중 음운 체계에 출현하

---

44 **여기서 잠깐!** 영어에서 /j/는 수축이 전설고모음 [i]처럼 경구개 가까이에서 이루어지므로 경구개접근음(palatal approximant)으로 제시하고, /w/는 수축이 후설고모음 [u]처럼 연구개 가까이에서 이루어지면서 원순성을 갖추고 있어 양순연구개접근음(labio-velar approximant)으로 제시한다.

는 활음은 모두 모음의 변이음으로만 출현하고 영어와 같이 음소적인 지위를 차지하지는 않는다. 이러한 표면형을 고려하여 [표 13]의 한·중 복모음을 IPA로 제시하면 다음 표와 같다.

[표 14] 한·중 복모음의 IPA 전사[45]

한국어의 이중모음	중국어의 이중모음	중국어의 삼중모음
[ja], [jə], [jo], [ju], [je]	[jɛ], [ja]	[jɑu], [iou]
[wa], [wə], [wi], [we]	[wo], [wa]	[wai], [wei]
	[ei], [ai], [ou], [ɑu]	
[ɰi]	[ɥɛ]	

이중모음을 조음할 때 연이어진 분절음의 개구도가 점차 커지는 경우는 공명도가 증가하므로 상승이중모음이라고 하고, 개구도가 점차 작아지는 경우는 반대로 공명노도 삼소하므로 하강이중모음이라고 한다. 활음으로 실현되는 개음은 모두 혀의 위치가 고모음과 같으므로 개구도가 작다. 따라서 활음으로 시작되는 이중모음은 모두 상승이중모음에 해당한다. 다만 한국어의 이중모음 [ɰi]의 경우 그 어느 쪽이라고 말하기 애매하지만 후설 쪽이 전설쪽 보다 공명도가 높다는 연구들은 [ɰi]를 하강이중모음으로 간주하기도 한다. 중국어 이중모음의 경우 이런 애매한 경우가 존재하지 않아 일률적으로 활음으로 시작하는 이중모음은 상승이중모음이고 그 외의 경우는 모두 하강이중모음이다. 다만 중국어에는 삼중모음이 존재하는데 상승, 하강이중모음은 이중모음을 위한 개념이므로 삼중모음은 이에 해당하지 않는다. 중국에서는 동일한 개념에 조금 다른 용어를 사용하는 경우가

---

45 **여기서 잠깐!** 한어병음으로 제시된 복모음 'ao'와 'iao'의 IPA 전사에서 'o'의 음가가 [u]로 제시된 부분에 대해서는 7장의 관련 논의를 참고하자!

많은데 상승이중모음은 하향(下向) 모음이라고 하고, 하강이중모음은 상향(上向) 모음이라고 한다. 또 세 개의 분절음이 이어지는 삼중모음의 경우는 중향(中向) 모음이라고 한다.

(4) 한·중 모음 체계 대조

한국어의 7 모음과 중국어의 8 모음 체계에는 동일한 모음이 상당히 많이 존재하지만 유사한 듯 유사하지 않은 경우도 있어 주의할 필요가 있다. 먼저 혀 위치를 기준으로 할 때 두 언어에 분포하는 모음의 수가 비슷하지만 한국어와는 달리 중국어 전설고모음에는 모음 /i/와 원순성으로 변별되는 /y/가 존재한다. 중국어 원순고모음 /y/를 한국어의 'ㅟ'와 혼동하는 경우가 있는데, 전자는 발음 중에 음성 기관에 변화가 거의 없는 단모음이지만, 후자는 음성 기관에 확실한 변화가 발생하는 이중모음이므로 서로 동일하게 다룰 수 없음에 주의해야 한다. 또 두 언어에 모두 존재하는 중설고모음 /ɨ/는 한국어의 경우 단독으로 음절을 구성할 수 있을 뿐만 아니라 모든 자음과 결합하여 음절 구성이 가능하다. 반면 중국어의 경우 /ɨ/는 두음에 자음이 올 때에만 출현하고 모음 단독으로 음절을 구성할 수 없으며 함께 출현하는 자음도 치음과 후치경음으로 매우 제한적이라는 사실에 주의해야 한다.

혀의 위치를 기준으로 할 때 중모음의 경우 두 언어의 모음 체계에서 보이는 차이점은 한국어에는 중설중모음 /ə/가 존재하고, 중국어에는 후설중모음 /ɤ/가 존재한다는 것이다. 중국어 /ɤ/는 비음 말음이 후행할 때 [ə]로 실현되기 때문에 중국어에서 [ə]는 변이음으로 출현할 수 있다. 또 후설중모음 /o/의 경우는 그 표면형이 한국어에서는 주로 단모음으로 구성된 음절일 때에만 실현되는 반면,⁴⁶ 중국어에서는 표면형에서 단모음으로 실현되는 음절에서 출현하는 경우가 없다.⁴⁷ 저모음의 경우는 두 언어 모음 체계 모두 중설저모음 /a/가 존재한다.

입모양을 기준으로 보면 두 언어 모음 체계에는 원순모음 /u/와 /o/가 동일하게 존재하며 중국어에는 원순모음 /y/가 한 개 더 존재한다. 또 한국어에는 [±round]에 의해 변별되는 경우가 존재하지 않지만, 중국어에는 /i/와 /y/, 그리고 /ɤ/와 /o/가 원순성에 의해 변별된다. 복모음의 경우에는 한국어의 경우 이중모음만 존재하고 중국어의 경우 이중모음뿐만 아니라 삼중모음도 존재한다. 복모음의 첫 번째 분절음이 고모음일 때에는 모두 활음으로 실현되는데, 한·중 모두 공통적으로 [j], [w] 계열이 존재한다. 이 밖에 한국어에는 [ɰ] 계열이 존재하는 반면, 중국어에는 [ɥ] 계열이 존재한다.

---

46 **여기서 잠깐!** 모음 /o/가 표면형 [o]로 실현되는 경우는 한국어에서 단모음으로 구성된 음절에서 출현할 때와 이중모음 'ㅛ', 즉 [jo]로 출현할 때이다. 이중모음 'ㅘ, ㅙ'의 표면형은 각각 [wa], [we]로 모두 'ㅝ, ㅟ, ㅞ'와 같은 [w] 계열 활음의 이중모음이므로, [o]가 출현하지 않는다.
47 **여기서 잠깐!** 한어병음으로 제시되는 'bo, po, mo'는 실제로 이중모음 [wo]로 실현된다. 한어병음 'o'의 음가에 대한 설명은 7장을 참조하자!

6

중국어의 성조 체계

지금까지 밝혀진 전 세계에 존재하는 언어 중에는 일반적으로 성조 언어가 비성조 언어에 비해 그 수가 더 많다고 한다. 우리가 가깝게 접하는 언어들이 대체로 성조가 없다고 생각하여 중국어에 성조가 존재하는 것이 종종 특이한 것으로 간주되는 듯하다. 그러나 동남아시아나 아프리카의 많은 언어들에는 대체로 성조가 존재한다. 15세기 중세 한국어에도 성조가 존재했다고 한다. 평성, 거성, 상성의 세 가지 성조가 있었으며 이는 글자 옆에 찍힌 방점의 개수를 헤아려 판별하는데, 평성에는 점을 찍지 않았고, 거성에는 점을 한 개(·), 상성에는 점을 두 개(:) 찍었다.[48] 한국어에서 성조의 대립은 16세기 말 즈음 사라진 것으로 보이며, 지역적으로는 차이가 있어 현대에는 경상도와 강원도 일부, 또 함경도 일부 지역에서 유지되고 있다. 중세 국어의 성조가 음장(音長), 즉 음의 길이 변별로 남은 방언에서는 평성과 거성은 주로 단음(短音), 즉 짧게, 상성은 주로 장음(長音), 즉

---

48 **여기서 잠깐!** 중세 한국어에서 입성(入聲)은 다른 세 가지 성조와는 달리 종성에 위치하는 자음의 자질에 의해 판단되는 것으로서 현대 음운학의 입장에서 보면 초분절적인 성분이 아닌 분절적인 성분에 의해 판단되는 성조 유형이다. 현대 중국어 방언 중에도 입성이라는 조류가 존재하고 실제 음가가 남아 있는 곳에서는 파열음 운미의 존재로 입성을 판단한다.

길게 발음한다. 이렇듯 어떤 언어에 존재하는 성조는 특이한 경우가 아니며, 오랜 시간 변화를 거쳐 성조 언어가 비성조 언어로 변화할 수 있다. 중국어의 경우도 중고(中古) 중국어 시기 여덟 가지에 달하던 성조의 유형이 현재 표준 중국어에서는 네 가지로 줄어들었다. 본 장에서는 표준 중국어에 존재하는 네 가지 성조만을 개괄적으로 소개하고자 한다.

성조는 단어의 의미를 구분해주는 음높이로 정의된다. 따라서 성조가 있는 언어에서 성조는 비록 초분절 성분이지만 자음이나 모음처럼 의미 변별 기능을 갖추고 있어 매우 중요하게 다루어진다. 사실 음이 높거나 낮다라는 것은 지각적인 개념을 사용하고 있지만 실제 음높이는 음성이 만들어질 때 초당 성대의 진동수, 즉 기본주파수(fundamental frequency, 이하 F0라고 함)에 의해 결정되는 물리적인 개념이다. 진동에는 주기가 나타나는데 이를 그림으로 제시하면 다음과 같다.

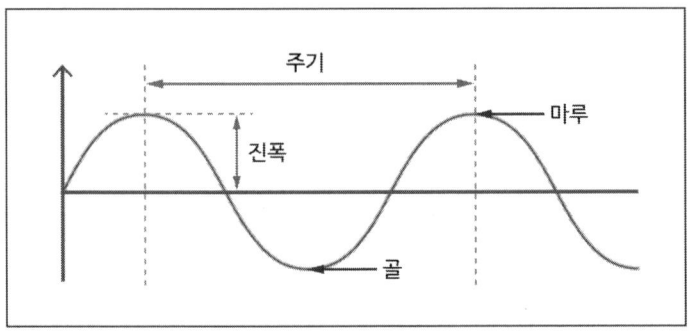

[그림 30] 음파의 진동

위 그림에서 주기가 촘촘하게 나타나면 초당 진동수가 많다는 것을 의미하고, 이는 지각적으로 높은 음으로 인지된다. 반대로 주기가 느슨하게 나타나면 초당 진동수가 적다는 것을 의미하고, 이는 지각적으로 낮은 음으로 인지된다. 1Hz(헤르츠)라는 것은 초당 1주기를 나타내는 것으로서,

200Hz는 100Hz보다 높게 지각된다. 그러나 Hz가 두 배라고 해서 음이 두 배로 높게 지각되는 것은 아니다.[49]

상술한 내용은 음향적인 관점에서 음높이를 소개한 것이지만 이를 조음적인 관점에 적용시킬 때에는 기타나 바이올린 같은 현악기를 생각하면 보다 쉽게 이해를 도울 수 있다. 현악기에서 높은 음을 내는 줄은 얇고 탱탱하게 긴장감이 있는 반면, 낮은 음을 내는 줄은 상대적으로 두껍고 느슨하여 긴장감이 떨어진다. 조음을 할 때에도 마찬가지여서, 높은 음을 낼 때에는 성대의 긴장도가 높아져서 진동수가 증가하게 되는 반면, 낮은 음을 낼 때에는 성대의 긴장도가 상대적으로 낮아져서 진동수도 감소하게 된다. 음높이에 영향을 미치는 것은 주로 성대의 긴장도라고 할 수 있지만 개인적인 성대의 두께나 길이도 음높이에 영향을 미칠 수 있다. 따라서 어떤 사람이 유난히 목소리 톤이 낮다면 성대가 일반인보다 두껍거나 긴 편일 수 있고 톤이 높다면 그 반대일 가능성이 높다.

지금까지 논의한 음높이에 대한 개념을 성조에 적용시키면, 성조 중에 고조(高調)에 해당하는 것은 상대적으로 F0가 높아 높은 음으로 지각되는 경우이고, 저조(低調)에 해당하는 것은 상대적으로 F0가 낮아 낮은 음으로 지각되는 경우라고 할 수 있다. 성조의 유형을 분류할 때에는 일차적으로 수평조, 단순 굴곡조, 복합 굴곡조 등과 같이 구분할 수 있다. 수평조는 고조(HH), 중조(MM), 저조(LL)를 가리키고, 상승조(LH)나 하강조(HL)는 단순 굴곡조에 해당한다. 그리고 조금 더 복잡한 승강조(LHL)나 강승조(HLH)는 복합 굴곡조로 분류할 수 있다. 중국어 방언에 나타나는 성조는 매우 다양하고 복잡하지만, 세 개가 넘는 수평조가 동시에 존재하는 경우는 존재하지 않는다고 한다. 또 아프리카 성조 언어들은 대부분 수평조로 제한

---

49 **여기서 잠깐!** [그림 30]에서 진폭은 음의 크기를 결정한다. 진폭을 나타내는 단위는 dB(데시벨)이며, 주기가 동일하여 음높이가 동일하게 지각되더라도 dB이 높으면 큰 소리로, dB이 낮으면 작은 소리로 지각된다.

된 환경에서만 출현하는 반면 아시아 성조 언어들은 성조 출현에 제약이 없고 굴곡조가 많다고 한다.

표준 중국어에는 다음과 같은 네 가지 유형의 성조가 존재한다.

[표 15] 표준 중국어의 성조

성조	중국어 명칭	조형 특징	조치	예
제1성	阴平 (음평)	높고 평평	55	八 bā
제2성	阳平 (양평)	상승	35	拔 bá
제3성	上声 (상성)	낮음	214	把 bǎ
제4성	去声 (거성)	하강	51	爸 bà

위에 제시된 성조의 중국어 명칭은 국내에서도 음평, 양평, 상성, 거성으로 흔하게 명명되므로 익숙하게 알아두는 것이 좋다. 이들 명칭들은 모두 중고음으로 부터 발전하여 왔는데 중고 시기 평상거입(平上去入)의 네 가지 성조는 성모의 자질이 유성음이냐 무성음이냐에 따라, 즉 청탁(清濁)에 따라 음(陰)과 양(陽)으로 다시 구분되었다. 그리고 근대음에 이르러 음평(陰平)과 양평(陽平)이 분리되는 평분음양(平分陰陽)이 발생하였고, 입성이 성모의 자질에 따라 양평, 상성, 거성으로 나뉘어 들어가는 입파삼성(入派三聲)이 발생하며 입성은 소실되었다. 또 상성 중에 성모가 유성장애음인 전탁(全濁) 상성은 거성과 합류되는 탁상변거(濁上變去)도 발생하였다. 따라서 현대 표준 중국어에서 성조가 거성인 경우에는 중고음의 전탁 상성으로부터 온 유형이 함께 섞여 있다. 그 대표적인 것이 상성을 명명하는 '上'인데, 지금은 거성으로 읽지만 중고 시기 이 글자의 원래 성조가 상성이었으므로, 현재도 성조의 명칭 '上聲'을 읽을 때에는 'shàngshēng'이 아닌 'shǎngshēng'으로 읽는다.

[표 15]에서 조형이라는 것은 음높이 곡선의 형태를 가리키는 개념으로

이를 그림으로 나타내면 다음과 같다.

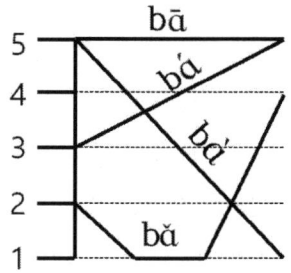

[그림 31] 표준 중국어 성조의 조형

위 그림에는 1-5까지의 숫자도 함께 활용되고 있는데 이를 성조값, 즉 조치라고 한다. 조치를 1-5까지의 숫자로 제시하는 5도제는 최초 趙元任 선생님이 제시한 것으로 성조의 음높이를 직관적으로 쉽게 받아들일 수 있도록 편의성을 제공하므로 매우 유용하게 활용되는 방식이다. 위 그림을 [표 15]에 제시된 조형, 조치와 함께 비교하면서 보면, 제1성의 경우 조치가 55로서 조형이 높고 평평하게 그려진다. 제2성의 경우 조치가 35로서 조형이 중간쯤 높이에서 높은 곳으로 상승하고 있다. 또 제4성의 경우는 조치가 51로서 조형이 고조에서 저조로 하강하는 형태를 나타낸다. 그리고 이 세 가지 성조의 조형과 조치에 대해서는 거의 모든 연구가 동일하게 제시하고 있다.

다만 제3성의 경우에는 연구마다 제시가 조금씩 다른 경우를 쉽게 발견할 수 있다. 먼저 본서에서는 조치를 214로 제시하고 조형은 매우 낮은 조역에서 주로 이루어지고 후반에 상승하는 조형을 제시하고 있다.[50] 그러나 연구에 따라서 제3성의 조치를 21, 212, 211 등 서로 조금씩 다른 조치를

---

50 여기서 잠깐! 조역(調域)이라는 개념은, 음이 이루어지는 영역을 음역(音域)이라고 하는 것과 마찬가지로, 성조가 실현되는 영역을 가리키는 개념이다.

제시하기도 한다. 그러나 모두 공통적인 것은 저조인 2와 1의 영역을 반드시 포함시킨다는 것인데, 이는 제3성이 실현될 때에 가장 주요한 것이 매우 낮은 저조의 영역이기 때문이다. 실제로 후미 상승 부분이 실현되지 않는 제3성을 반삼성 혹은 반상(半上)이라고 하며 대부분의 발화에서 제3성은 반삼성으로 실현된다. 그럼에도 불구하고 본서에서 214와 같은 조치를 제시한 것은 음운학적으로 제3성의 본자조(本字調) 혹은 단자조(單字調), 즉 조소(調素)로서의 성조는 214로 제시되어야 하기 때문이다. 기저형이 /214/인 경우, 표면형은 [214] 뿐만 아니라 [21], [212], [211] 등 다양하게 실현될 수 있으며, 이 모든 표면형은 반드시 저조의 영역을 실현시키고 있다. 우리가 '很好!' 혹은 '太好了!'와 같이 발화할 때 '好'는 모두 반삼성으로 발음하지만, 만약 어떤 상황에서 '好' 한 음절만으로 좋다는 의미를 매우 강하게 말할 때에는 후미 상승 부분이 실현된다. 이 경우에도 저조의 영역은 절대로 생략될 수 없고, 더불어 평소 발화에서 자주 드러나지 않는 후미 상승 부분이 해당 음절의 강조와 함께 온전히 실현됨에 따라 드러나게 된다. 따라서 음운학에서 조소로서 제3성의 조치는 214로, 조형은 [그림 31]과 같이 제시되는 것이 바람직하다. 다만 대부분의 발화 상황에서 제3성은 반삼성으로 실현된다는 것에 유의해야 한다.

한 언어에 성조가 몇 개 존재하느냐는 질문은 결국 그 언어 성조의 조류가 몇 가지인지를 묻는 질문과 동일하다. 조류라고 하는 것은 성조를 유형별로 분류한 것으로서, 결국 조류의 가짓수는 조소의 수에 의해 결정된다. 따라서 표준 중국어에 성조가 네 개 존재한다는 것은 네 가지의 성조 유형, 즉 네 가지의 조류가 존재한다는 것을 의미하고, 이는 각각 조소 /55/, /35/, /214/, /51/로 제시될 수 있다. 조소라는 것은 음소와 변이음의 관계처럼 조소변이를 가질 수 있다. 즉 기저형인 조소와는 별개로 실제 음성적으로는 표면형이 몇 가지로 다르게 나타날 수 있다는 것이다. 예를 들어 중국어 모화 화자가 사람에 따라 제1성을 발음할 때 [55]가 아닌 [44], [45], [54]

등과 같이 미세한 차이가 있는, 그렇지만 모두 고조의 성조 자질을 지니게 발음을 한다고 해도 중국인들은 이를 /55/, 즉 제1성으로 간주하게 된다는 말이다.[51] 한 가지 주의해야 할 것은 조류의 명칭은 [표 15]의 중국어 명칭을 사용하는데, 동일한 명칭을 쓴다고 해서 해당 방언의 조류가 가지는 조형과 조치가 동일한 것은 아니다. 다시 말해, 표준 중국어의 음평과 같이 어떤 방언의 조류가 음평이라는 명칭을 사용하더라도 조형과 조치는 다를 수 있다는 말이다. 아래 몇 가지 방언의 예를 보자.

[표 16] 중국어 방언의 조류

방언 \ 조류	음평	양평	상성	거성
普通话(보통화)	55	35	214	51
天津话(천진 방언)	11	45	213	53
济南话(제남 방언)	213	53	55	31
西安话(서안 방언)	21	24	53	55
武汉话(무한 방언)	55	213	42	35

위 표에 제시된 방언들은 동일한 조류 명칭을 사용하는 성조일지라도 방언에 따라 조치가 서로 다를 수 있다는 것을 보여준다. 반대로 방언에 따라 서로 다른 조류 명칭을 사용하더라도 그 조치가 동일할 수 있다는 것도 보여준다. 예를 들어, 천진 방언에서 음평은 조치가 11로서 보통화의 55와 사뭇 다르다. 반면 제남 방언에서 음평은 조치가 213으로 보통화의 상성과 유사하고, 상성은 조치가 55로 보통화의 음평과 동일하다. 또 무한

---

51 *여기서 잠깐!* 5도제에서 성조의 음높이는 1=저(低), 2=반저(半低), 3=중(中), 4=반고(半高), 5=고(高)로 나뉜다. 그러나 이를 고조(H) 중조(M), 저조(L)를 나타내는 성조 자질로 표시하면 1-2는 저조, 3은 중조, 4-5는 고조의 성조 자질을 지닌다고 할 수 있다.

방언의 경우는 음평은 보통화와 조치가 동일하지만, 양평은 보통화와 조치가 다르며, 오히려 거성의 조치가 보통화의 양평과 동일하다.

일반적으로 중국어 교재에서는 중국어의 네 가지 성조를 모음을 나타내는 한어병음 위에 ˉ, ´, ˇ, ˋ 와 같은 기호를 써서 제시하지만 사실 연구에 따라 성조를 제시하는 방법은 다양하다. 다음은 다양하게 제시되는 중국어 성조의 표기 방식 몇 가지를 제시한 것이다.

[표 17] 다양한 성조 표기 방식

성조 \ 유형	유형1	유형2	유형3	유형4
제1성	bā	ba˥	ba55	baHH
제2성	bá	ba˦	ba35	baMH
제3성	bǎ	ba˅	ba214	baLL
제4성	bà	ba˥	ba51	baHL

표준 중국어의 성조를 논의함에 있어 마지막으로 반드시 언급해야 할 것은 바로 경성(輕聲)이다. 경성은 그 이름 때문에 가벼운 성조라는 인식을 주기 쉬운데 경성은 가벼운 성조여서 경성이 아니라 중국어의 전형적인 약음절(weak syllable)에서 실현되는 성조의 통칭이라는 것에 주의해야 한다. 따라서 중국어의 경성은 정해진 조형과 조치가 없고 선행하는 음절의 성조가 무엇이냐에 따라 정해진다. 이러한 특성 때문에 경성은 가벼운 성조가 아닌 중성조(neutral tone)로 이해하는 것이 오해를 불러오지 않을 것이다. 또한 경성은 출현하는 음절 환경에도 제약을 받아 첫 번째 음절에서 출현할 수 없고 반드시 선행하는 조소적인 음절이 한 개 이상은 있어야 한다. 선행하는 음절에 따른 경성의 조형과 조치는 일반적으로 다음과 같이 제시된다.[52]

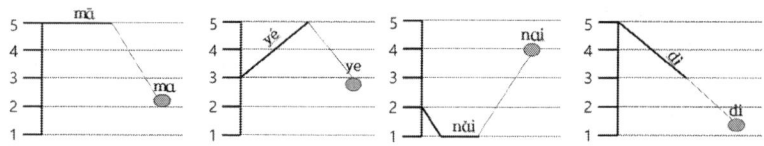

[그림 32] 선행음절에 따라 달라지는 경성의 조형과 조치

    이러한 특성 때문에 경성은 중국어의 제1-4성까지와 음운 체계에서 동등한 지위를 차지할 수 없다. 때문에 중국어의 성조가 몇 개인가라는 물음에 일반적으로 5개라고 하지 않고 네 개라고 답하는 것이다. 최근에는 북경어를 중심으로 경성화 현상이 상당히 진행되고 있어 이 점에 대해서도 주의를 기울여야 한다. 필자가 중국어를 처음 배우던 시절에는 '学生'의 두 번째 음절 '生'은 제1성으로 발음되었으나 약 30년이 지난 지금 해당 음절은 경성으로 발음한다. 이렇게 본래의 성조를 잃고 중성조가 되는 경우를 근 몇 십 년 안에 찾는 것은 그리 어려운 일이 아닐 만큼 경성화가 상당히 진행되었다. 전체 어휘 대비로 보면 많은 예가 있는 것은 아니지만 때때로 경성이 의미변별 작용에 사용되기도 한다. 일례로 '东西'를 'dōngxī'로 발음하면 방위를 가리키는 '동서'가 되지만 'dōngxi'로 발음하면 '물건'이라는 뜻이 된다.

    앞서 언급한 대로 경성은 전형적인 약음절에서 실현되는 성조이기 때문에 제1-4성으로 실현되는 음절보다 음길이가 짧고 음세기는 약하게 실현된다. 즉 비강세 음절의 전형적인 특징을 보여준다. 중국어에서 단어 강세의 유무에 대해서는 연구자마다 견해가 엇갈리지만 경성이 비강세 음절이라

---

52 **여기서 잠깐!** 최근 음성학적 연구를 중심으로 제3성 뒤에서 실현되는 경성의 실제 음높이가 결코 고조가 아니라는 결과가 발표되기도 하였다. 그러나 본서에서는 중국인들이 일반적으로 인지하는 경성의 음높이가 최근 실험음성학적인 논의와는 별개로 전통적으로 제시하던 것과 크게 다르지 않다는 경험에 근거하여 [그림 32]를 제시하고자 한다. 본서가 제시한 선행음절에 따른 경성의 해당 음높이를 제시하는 연구들은 대체로 Chao(1968)의 견해를 받아들이는 경우이다.

는 것에 대해서는 의심의 여지없이 모두 일치된 견해를 보인다. 따라서 경성 음절에서는 앞뒤 음절의 영향을 받아 발생하는 동화나 이화, 축약, 탈락, 첨가 등 다양한 음운 현상이 곧잘 발생한다.

7

한·중 음절 구조

 음절이란, 독립적으로 발화될 수 있는 최소의 음성 단위이며 의미와는 관계없는 순수한 음성 단위이다. 음절은 분절음이 음절을 구성하는 과정, 즉 음절화를 거쳐 만들어지는데 분절음 중에는 스스로 음절을 이루는 경우도 있고 혼자서는 음질을 이룰 수 없는 경우도 있다. 그 대표적인 경우가 전자는 모음이고 후자는 자음이다. 따라서 음절은 한 개 이상의 분절음의 연쇄로 이루어진다고 말할 수 있다.
 음절은 분절음보다 더 잘 지각되기 때문에 보통 분절음보다 친숙도가 높지만 언어에 따라 친숙도에 차이가 있을 수 있다. 영어 'sprite'는 1음절 단어지만, 언뜻 몇 음절인지 파악하는 것이 쉽지 않다. 하지만 한국어의 '스프라이트'는 5음절 단어이며 음절수가 글자수와 완전히 일치하기 때문에 한국인들의 음절에 대한 친숙도는 매우 높다. 중국어도 '얼화', 즉 권설음화가 이루어지는 경우를 제외하고 글자수와 음절의 수가 일치하기 때문에 중국인들 또한 음절에 대한 친숙도가 높은 편이다. 따라서 '雪碧'가 2음절이라는 것을 금방 말할 수 있다. 음절에 대한 친숙도는 축약어를 만드는 방식을 통해서도 드러난다. 한국어나 중국어는 음절을 기반으로 축약어를 생산하지만 영어는 분절음 단위로 축약어를 만든다. 예를 들어, 한국어는 '공구(공동구매)', 중국어는 '北大(北京大学)'와 같이 음절 단위로 축약을 하는 반면, 영어는 'DINK(double income no kid)'와 같이 분절음 단위로 축약을 한다. 또 단어에 대한 인식도 한국어와 중국어는 음절수가 많으면 긴 단어라고 생각하는 반면, 영어는 분절음을 나타내는 알파벳의 수가 많으면 긴 단어라고 생각한다. 예를 들어, zoo와 twelve는 모두 1음절이지만 후자가 더 긴 단어로 인식된다.

음절을 구성하는 단위를 음절 성분이라고 하는데 음절 성분에 부여하는 명칭은 언어마다 다르다. 한국어의 음절은 초성, 중성, 종성으로 이루어지고, 중국어의 음절은 성모, 운모, 성조로 이루어진다. 따라서 이들은 모두 음절 성분 층위의 명칭이다. 음절이 구성될 때에도 언어마다 규칙이 존재한다. 즉 분절음이 연쇄될 때 결합 가능한 경우가 언어마다 다른데 이를 음소배열제약이라고 한다. 요컨대, 언어마다 음소배열제약이라는 언어 특징적인 제약에 의해 결합 가능한 분절음의 연쇄가 결정된다. 어떤 언어의 음소배열제약에 어긋나는 분절음의 연쇄는 그 언어에 존재할 수 없는 것이 당연한데 반대로 음소배열제약에 어긋나지 않는다고 해서 가능한 분절음의 연쇄가 그 언어에 모두 존재하는 것은 아니다. 때로는 음소배열제약에 문제가 되지 않지만 존재하지 않는 분절음의 연쇄, 즉 음절이 존재하지 않을 수도 있다. 따라서 음절의 적격성과 실재성이 반드시 일치하는 것은 아니다.

(1) 한국어의 음절

한국어가 글자수와 음절수가 일치하여 시각적으로 음절수를 금방 확인할 수 있는 이유는 한글의 전사 방식이 음절 단위로 모아쓰는 음절합자(音節合字) 방식이기 때문이다. 음절합자 방식이라는 것은 'ㅊㅐㄱ'의 방식으로 쓰지 않고 음절 단위로 모아 '책'이라고 쓰는 방식을 의미한다. 반면 영어와 같이 음절과 관계없이 알파벳을 늘여서 쓰는 방식은 풀어쓰기 방식이라고 할 수 있다. 중국어의 공식 서사체계인 한자는 비록 표음의 기능이 거의 없다고 할 수 있지만 하나의 한자가 하나의 음절, 의미, 형태로 인식되기 때문에 역시 한자수에 따라 음절을 금방 인식할 수 있다. 어쨌든 한글의 음절합자 방식으로 말미암아 한글은 표음 기능이 매우 뛰어난 문자 체계임에도 불구하고 한국인들은 음절 한 개를 통째로 한 개의 낱글자처럼 인식하는 경향이 있다.

한국어의 음절 성분은 초성, 중성, 종성으로 이루어지며, 음절에서 맨 앞에 오는 성분을 초성, 가장 중요한 부분이 포함된 성분을 중성, 맨 마지막에 오는 성분을 종성이라고 한다. 다음은 한국어의 음절 층위를 그림으로 나타낸 것이다.

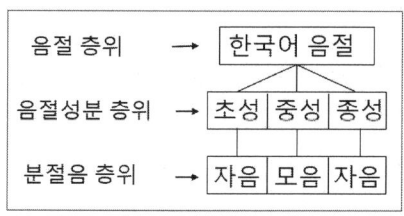

[그림 33] 한국어의 음절 층위

음절을 구성할 때 하나의 음절 성분은 한 번씩만 참여할 수 있고, 한 음절 성분에는 둘 이하의 분절음이 참여할 수 있다. 초성의 자리에는 음소적으로 분절음이 없거나 한 개 자리할 수 있다. 이때 자리할 수 있는 분절음은 자음이며, 한국어 19개의 자음 중 /ŋ/을 제외한 모든 자음이 출현할 수 있다. 중성의 자리에는 음소적으로 한 개 이상, 두 개 이하의 분절음이 자리할 수 있다. 이는 중성의 자리에 오는 분절음은 음절핵에 해당하는 주요모음이 오기 때문에 비어있을 수 없기 때문이며, 이중모음이 중성의 자리에 올 때에는 두 개의 분절음이 자리할 수 있기 때문이다. 이때 자리할 수 있는 분절음은 모두 모음이며, 반드시 모음이 한 개 이상은 참여를 해야 한다. 음소적으로 이중모음을 두 개의 모음으로 취급한다면 두 개의 모음이 오는 것이고, 음성적으로 이중모음을 '활음+모음'으로 취급한다면 각각 한 개씩의 활음과 모음이 함께 출현할 수 있다.

  종성의 자리는 비어 있을 수도 있고 한 개의 분절음이 자리할 수 있다. 이때 출현할 수 있는 자음은 한국어의 '7종성 법칙'에 의해 자음 19개 중에 /p, t, k, m, n, ŋ, l/ 7개만 가능하다. 예를 들어 한국어 단어 '버섯'의 두 번째 음절의 종성은 /t/이지, /s/가 아니다.[53] 한국어에서 종성에 [s]가 출현하는 경우는 없다. 따라서 여러 차례 강조하지만 맞춤법, 즉 전사법과 음절을 구성하는 음소와 혼동하지 말기를 바란다. 또 한국어 맞춤법 중에 '읽다, 앉다, 많다' 등의 1음절에서와 같이 받침에 자음을 두 개 쓰는 경우를 들어 종성에 두 개의 분절음이 출현할 수 있다고 생각하지 않기를 바란다. 여러 차례 강조한 대로 어떤 단어의 전사법 혹은 형태소와 그 단어의 음절을 구성하는 음소는 반드시 구별되어야 한다. 한국어의 경우 형태소가 매우 역동적이기 때문에 연결어미에 따라 음성적으로 발현되는 것이 다를 수 있다. 그러나 어떤 경우에도 종성에서 두 개의 자음이 함께 발음되는 경우는 없다. 후행하는 음절의 초성 자리가 비어 있어 하나의 자음은 선행음절의 종성 자리에서 말음으로 실현되고, 다른 하나는 연음이 되어 후행하는 음절의 초성 자리에서 두음으로 실현될 뿐이다. 따라서 하나의 음절 안에서 종성 자리의 분절음 두 개가 동시에 실현되는 경우는 없다. 예를 들어, '앉다'는 [안때로, '앉아'는 [안자]로 실현되지 어떤 상황에서도 *[앉]로 실현되는 경우는 없다.

  음절 성분 중에서 가장 중요한 것은 중성이며 초성과 종성의 자리는 비어 있을 수 있다. 따라서 음절은 음절 성분 중 중성만으로 이루어질 수

---

53 **여기서 잠깐!** 영어 단어 'kiss'의 말음에는 /s/가 자리한다. 언어 보편적으로 초성에 나타날 수 있는 자음의 수가 종성에 비해 많다고 한다. 그러나 이와 같은 '7종성 법칙'은 한국어에만 존재하는 언어 특징적인 제약이다.

있는데 이는 중성의 자리에 주요모음이 오기 때문이다. 다시 말해, 하나의 음절은 주요모음만으로 이루어질 수 있으며 자음만으로는 음절을 이룰 수 없다. 이런 측면에서 음절을 이루는 분절음을 성절음이라고 하고, 그럴 수 없는 분절음을 비성절음이라고 한다. 일반적으로 모음은 성절을 하지만 자음은 일반적으로 몇몇 성절자음을 제외하고는 비성절음이다.[54] 한국어의 모음도 모두 성절음이지만 자음은 모두 비성절음이다.

따라서 한국어의 주요한 음소배열제약을 정리해 보면, 먼저 한국어의 음절은 중성이 필수 음절 성분이며 하나의 단모음이나 이중모음이 그 자리에 출현할 수 있다. 반면 음절에서 초성의 존재는 수의적이지만 19개의 자음 중 /ŋ/을 제외한 18개의 자음 중 한 개가 출현할 수 있으며, 영어에서와 같이 자음이 연달아 출현하는 자음군의 출현은 허용하지 않는다.[55] 다만 한국어 한자어의 경우에는 두음법칙의 영향을 받는다.[56] 종성의 존재 역시 수의적이지만 19개의 자음 중 /p, t, k, m, n, ŋ, l/ 7개 중 한 개만이 출현이 가능하며 초성과 마찬가지로 자음군의 출현은 허용되지 않는다. 이로써 한국어의 음절은 어떤 자리에서도 자음군의 출현은 허용되지 않음을 알 수 있다. 한국어의 음절 중 가장 작은 음절은 분절음 한 개, 즉 한 개의 모음으로 이루어진 음절이며, 가장 큰 음절은 분절음 네 개까지 허용된다. 전자의 예로는 '아, 어, 에, 오, 우, 으, 이'가 이에 해당하고, 후자의 예로는 '향, 벽, 괜, 꿩' 등이 이에 해당한다. 끝으로 초성의 자리에 경구개 자음

---

54 **여기서 잠깐!** 한·중 자음 중에 성절음은 존재하지 않지만, 영어에서 몇몇 자음 /n, l/ 등은 음절 말에서 [n̩, l̩]와 같이 성절을 하는 경우가 있다.
55 영어 'sprite'은 /s, p, ɹ/가 연달아 출현할 수 있다. 영어는 두음뿐만 아니라 말자리에서도 매우 다양한 자음군을 허용하는 언어이다.
56 **여기서 잠깐!** 다만 한국어의 한자어에는 두음법칙이 존재하여 두음에 'ㄴ'이나 'ㄹ'이 오면 'ㅇ'이 되거나 'ㄹ'이 'ㄴ'이 된다. 반면 한국어 고유어의 두음법칙은 이미 근대 시기 완성된 것으로 보아 현대 한국어 고유어에는 두음법칙을 공시적인 음운 현상으로 취급하지 않는다. 그럼에도 불구하고 한국어 고유어에도 'ㄴ'이나 'ㄹ'로 시작하는 음절이 많지는 않다. 외래어의 경우에는 두음법칙의 영향을 받지 않는다.

/ʨ, ʨ', ʨʰ/가 출현하면 중성 자리에 [j]계열 이중모음 [ja, jə, jo, ju, je]가 출현하지 않는다. 이밖에도 한국어 음절을 구성하는 데에 적용이 되는 것이라면 무엇이든지 음소배열제약이 될 수 있다.

앞서 음절의 적격성과 실재성이 일치하는 것은 아니라고 언급한 바 있는데 한국어에서도 그러한 경우가 존재한다. 즉 적격하지 않을 것이 없는데 해당 음절이 한국어에서 실제로 쓰이지 않는다는 의미인데, 예를 들면 '읙, 챰, 퓔'과 같은 음절이 그러하다. 한국인이라면 제시한 음절을 얼마든지 읽을 수 있는데 이는 이 음절들이 음소배열제약에 어긋나지 않는다는 것을 의미한다. 그러나 이런 음절이 한국어에서 실제로 쓰이는 경우는 없다. 그러나 실재하지 않았던 음절이 새로운 외래어의 출현으로 쓰이게 되는 경우도 있다. 예를 들면 '튤립'의 1음절 '튤'은 원래 한국어에서 쓰이지 않았던 음절인데 영어 'tulip'을 음역하는 과정에서 새롭게 생겨나게 되었다.

한글이 음절합자 방식을 취함에 따라 생겨난 음절자 때문에 간혹 실재하지 않는 음절을 실재한다고 착각하는 경우가 종종 있다. 여기서 음절자라고 하는 것은 앞서 전사법, 혹은 형태소 등으로 언급한 바 있는데, 실제 음절을 구성하는 음소에 따른 음절을 음절이 표기되는 방식의 음절과 구분하기 위한 개념이다. 예를 들어 '맛, 맞, 맡'은 음절자로서 아무 문제가 없다. 그러나 이들 음절자의 음절은 모두 [맏]일 뿐 *[맛, 맞, 맡]이 아니며, 한국어에서 *[맛, 맞, 맡]은 부적격한 음절이다. 현실발음 측면에서 한국어의 음절 수는 약 2400여개 남짓 정도지만 표준발음 측면에서 보면 약 3200여개 가까이 출현한다고 한다.

(2) 중국어의 음절

중국어의 음절 성분은 흔히 중국어 음절의 3요소라고 하는 성(聲)·운(韻)·조(調), 즉 성모와 운모와 성조이다. 중국어의 공식 서사 체계가 한자이기 때문에 한국어와 달리 중국어는 문자를 통해 음절 성분에 출현하는 분절음의 정보를 얻는 것이 쉽지 않지만, 한어병음방안이라는 보조적인 수단을 활용해 어느 정도 도움을 받을 수 있다.

초분절 성분인 중국어의 성조는 음절 전체에 걸쳐 실현되며,[57] 음절의 맨 앞에 오는 성분을 성모, 성모를 제외한 나머지 부분을 운모라고 한다. 운모는 보다 세분화되어 운두와 운으로 나뉘고, 운은 다시 운복, 운미로 나뉜다. 다음은 중국어의 음절 층위를 그림으로 나타낸 것이다.

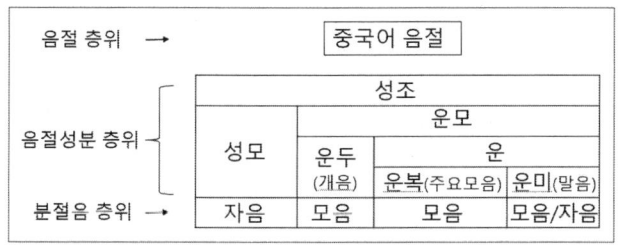

[그림 34] 중국어의 음절 층위

음절을 구성할 때 하나의 음절 성분은 한 번씩만 참여할 수 있고, 한 음절 성분에는 하나의 분절음만 참여할 수 있다. 성모의 자리에는 음소적으로 분절음이 없거나 한 개 자리할 수 있으며 출현할 수 있는 분절음은 중국어 22개의 자음 중 /ŋ/을 제외한 21개의 자음이 모두 가능하다. 음절을 이루는 음절핵인 주요모음은 운모의 운복에서 출현하며 중국어의 모든 단모음이 출현할 수 있고 운복은 비어있을 수 없다. 반면 운두 자리는 비어있을 수도 있고, 모음 중 /i, u, y/ 중 한 개만 출현할 수도 있다. 운두 자리에

---

57 여기서 잠깐! 연구자에 따라 성조 연계 단위(Tone Bearing Unit, 이하 TBU라고 함), 즉 성조가 실현되는 주체를 음절 전체, 주요모음, 모라(mora) 등으로 달리 제시하기도 한다. 모라란, 운율의 무게 단위(prosodic weight unit)를 가리키는 추상적인 개념이다. 본서에서는 성조를 음절 전체에 걸쳐 실현되는 것으로 간주한다.

이들 모음이 출현한다는 것은 해당 음절이 복모음으로 구성된 음절이라는 것을 의미하며 따라서 이들 세 가지 모음은 실제로 활음의 형태인 [j, w, ɥ]로 실현된다. 운미 자리 역시 비어있을 수도 있는데, 모음이 오면 /i, u/ 두 개의 모음 중 한 개가 오거나, 자음이 오면 /n, ŋ/ 중 한 개의 자음이 온다.

음절 성분 중에 가장 중요한 것은 운복이므로 반드시 존재해야 하며 그 외의 음절 성분의 존재는 모두 수의적이다. 따라서 음절은 음절 성분 중 운복만으로 이루어질 수 있는데 이는 운복에 주요모음이 자리하기 때문이다. 한 가지 특기할 점은 중국어의 모음 중 /i/는 단독으로 성절을 하는 경우가 없기 때문에 운복에 해당 모음이 온다면 성모의 자리에는 반드시 자음 /ts, tsʰ, s/나 /tʂ, tʂʰ, ʂ/가 출현해야 한다. 이밖에 다른 중국어 모음은 모두 성절음이고 자음은 모두 비성절음이다.[58]

중국어의 음절 성분을 얘기할 때 성모를 자음과, 운모를 모음과 동일한 선상에 놓고 혼란스러워 하는 경우를 볼 수 있다. 그러나 성모나 운모라는 개념은 음절 성분 층위의 개념이고, 자음과 모음은 분절음 층위의 개념이니 혼동하지 않기를 바란다. 중국어 성모의 유형도 22개인데 이는 중국어 22개의 자음 중에 /ŋ/을 제외한 21개의 자음 성모와 성모의 자리가 비어있는 영성모(零聲母)를 포함한 것이다. 운모는 더욱 모음과 혼동할 수 없는 개념인데, 운모를 구성하는 운미에는 자음도 출현할 수 있기 때문이다. 중국어 운모의 유형은 38개이며 운복의 출현이 필수인 것을 제외한 운두와 운미의 출현은 수의적이다.[59]

---

58 **여기서 잠깐!** 연구자의 관점에 따라 어떤 연구에서는 모음 /i/의 존재를 인정하지 않는 대신 한어병음으로 제시되는 'z, c, s, zh, ch, sh'에 해당하는 자음을 성절자음으로 제시하기도 한다.

59 **여기서 잠깐!** 운모 유형의 개수에 대해서도 연구자마다 입장이 다를 수 있다. 이는 중국어 모음의 유형을 어떻게 구분할 것인가와 매우 밀접하게 관련되어 있기 때문이다. 본서에서 제시하는 38개의 운모 유형은 부록2에서 확인하기 바란다.

중국어의 음운학 전통이 매우 오래됨에 따라 중국어는 자기들만의 음운적인 개념들이 존재하는데 그 중에 현대 음운학을 하는 연구자들도 꼭 알아두어야 할 개념이 사호(四呼)이다. 사호는 운두에 따라 중국어의 운모를 네 가지 유형으로 분류한 것으로서, 비록 전통 음운학에서 시작된 개념이지만 한어병음방안이 제정될 때에도 운모는 사호에 따라 제시한 것을 생각해 보면 현대 음운학에서도 결코 소홀히 할 수 없는 개념이다. 먼저 개구호(開口呼)는 운두가 없고 운복이 /i, u, y/ 중 하나인 운모를 가리키며, 제치호(齊齒呼)는 운두나 운복이 /i/인 운모를 말한다. 또 합구호(合口呼)는 운두나 운복이 /u/인 경우이며, 촬구호(撮口呼)는 운두나 운복이 /y/인 운모를 일컫는다. 네 가지 운모 유형인 사호가 모든 성모와 결합하는 것은 아니기 때문에 결합하는 상황을 표로 제시하면 아래와 같다.[60]

[표 18] 중국어 사호와 성모의 결합 관계

성모		자음	개구호	제치호	합구호	촬구호
자음 성모	양순음 /p, pʰ, m/		+	+	△	
	순치음 /f/		+		△	
	치음 /ts, tsʰ, s/		+		+	
	치경음	/t, tʰ/	+	+	+	
		/n, l/	+	+	+	+
	후치경음 /tʂ, tʂʰ, ʂ, ɻ/		+		+	
	경구개음 /tɕ, tɕʰ, ɕ/			+		+
	연구개음 /k, kʰ, x/		+		+	
영성모	∅		+	+	+	+

---

60 **여기서 잠깐!** 이는 결국 중국어의 중요한 음소배열제약을 반영한다. 중국어 성모 유형에 따른 운모 결합 관계 전체는 부록2를 참조하기 바란다.

위 표를 보면 자음 성모 중에 양순음은 개구호, 제치호와 결합할 수 있고 일부 합구호와도 결합할 수 있는데, 운복이 /u/로 이루어진 단운모의 경우에만 결합이 가능하다.[61] 그리고 촬구호와는 결합하지 않기 때문에 *[py]와 같은 음절은 존재하지 않는다. 이는 순치음의 경우도 마찬가지인데, 다만 순치음은 제치호와도 결합하지 않는다. 따라서 중국어에는 *[fi]와 같은 음절도 존재하지 않는다. 치음의 경우는 개구호, 합구호와만 결합이 가능하기 때문에 *[tsi]나 *[tsy] 같은 음절이 존재하지 않는다.[62] 치경음은 개구호, 제치호, 합구호와 결합이 가능하지만 촬구호와 결합하는 것은 오직 /n, l/ 뿐이다. 따라서 중국어에는 *[ty] 같은 음절이 존재하지 않는다. 사실 자음 성모 중에 사호와 모두 결합하는 것은 /n, l/ 뿐이다. 이에 이 두 가지 자음은 한어병음으로 제시할 때 유일하게 합구호와 결합하는 경우와 촬구호와 결합하는 경우를 구분하여 제시한다. 왜냐하면 'nu'와 'nü', 'lu'와 'lü'는 각각 [nu]와 [ny], [lu]와 [ly]로 발음이 다르기 때문이다. 후치경음의 경우는 치음과 마찬가지로 개구호, 합구호와만 결합하므로 *[tʂi]나 *[tʂy] 같은 음절이 존재하지 않는다.[63] 반면 경구개음은 제치호, 촬구호하고만 결합하기 때문에 *[tɕa]나 *[tɕu] 같은 음절이 존재하지 않는다. 따라서 한어병음으로 'ju, qu, xu'라고 써도 여기서 'u'는 [y]일 수밖에 없기 때문에 굳이 'ü'로 쓰지 않아도 [u]와 혼란을 일으키지 않는다. 연구개음의 경우에는 다시 이와 정반대로 개구호, 합구호하고만 결합하고 제치호, 촬구호와는 결합하지 않는다. 따라서 *[ki], *[ky] 같은 음절은 존재하지 않는다. 마지막으로 영성모는

---

61 **여기서 잠깐!** 한어병음으로 해당 음절을 제시하면 'bu, pu, mu, fu'는 가능하지만 *buɑ, *buan, *buang' 같이 다른 합구호 운모는 결합이 불가능하다.
62 **여기서 잠깐!** 한어병음으로 'i'라고 해서 그 음가가 모두 [i]인 것은 아니라는 것은 이미 앞에서 언급한 바 있다. 따라서 한어병음으로 제시되는 'zi, ci, si'의 운모는 제치호가 아니라 모음 [ɿ]로 이루어진 개구호이다.
63 **여기서 잠깐!** 한어병음으로 제시되는 'zhi, chi, shi'의 운모는 제치호가 아니라 모음 [ʅ]로 이루어진 개구호이다.

사호 모두와 결합이 가능하다. 이상의 결과를 종합하여 보면 중국어 자음 성모 중 치음, 후치경음, 연구개음은 경구개음과 상보적 분포를 이룬다. 즉 경구개음은 이들 세 유형의 자음과 동일한 음절 환경에서 실현되는 경우가 없다.

중국어는 또 전통적으로 운미 유형을 개운미(開韻尾), 모음운미, 비운미(鼻韻尾), 파열음운미로 구분한다.[64] 개운미는 운모가 운두와 운복, 혹은 운복만으로 이루어져 운미 자리가 비어있는 경우를 가리킨다. 모음운미는 운미 자리에 모음 /i, u/ 중 하나가 오는 경우를 말하고, 비운미는 운미 자리에 비음 자음 /n, ŋ/ 중 하나가 오는 경우를 가리킨다. 물론 방언의 경우 비음 중에 /m/이 운미 자리에 오는 경우도 있는데 당연히 이 또한 비운미라고 할 수 있다. 현대 표준 중국어에는 파열음이 운미에 출현하는 경우가 없다. 중고음(中古音) 시절에 존재했던 파열음운미가 근대음에서 탈락했기 때문인데 중국어의 남부 방언에는 여전히 남아 있다. 이렇게 운미 자리에 파열음 /p, t, k/가 오는 경우를 파열음운미라고 하며 때로는 입성운미(入聲韻尾)라고도 한다. 이는 중고음 시절에 입성자, 즉 운미에 /p, t, k/가 오는 경우를 성조의 하나인 입성으로 구분하였기 때문에 이로부터 유래한 명칭이다. 일반 현대 언어학적인 개념으로 보면 개운미와 모음운미를 가지는 음절은 개음절에 해당하고, 비운미와 파열음운미를 가지는 음절은 폐음절에 해당한다.

운미는 운모의 일부분이므로 운미의 유형은 운모 유형 명칭과 밀접하게 관련되어 있다. 먼저 단모음만 운복에 출현하는, 즉 모음 하나로 이루어진 운모를 단운모라고 하는 반면, 운모에 두 개 이상의 모음이 오는 경우, 즉 둘 이상의 모음으로 이루어진 운모를 복운모라고 한다. 또 비운미가

---

64   모음운미와 파열음운미는 중국어로 각각 '元音韵尾'와 '塞韵尾'라고 한다. 한국에서 출판된 연구서 중에 '塞韵尾'를 색운미로 제시하는 것은 편의상 중국식 한자를 한국 한자음 독음으로 제시한 것이다.

오는 운모는 비운모라고 하고 파열음운미, 즉 입성운미가 오는 운모를 입성운모라고 한다. 역사적으로 중국어에서 비교적 늦게 출현한 얼화운을 운미로 가지는 경우는 권설운모라고 한다.

한국어 음절에서 음절자로 인해 음절을 구분하는 것에 어려움이 있을 수 있다면 중국어 음절에서는 한어병음방안으로 인해 실제 음절을 구성하는 음소에 대한 어려움이 유발되기도 한다. 다음은 한어병음으로 제시되는 라틴알파벳과 그것이 실현되는 실제 음소를 경우에 따라 IPA로 구분하여 제시한 것이다.

[표 19] 모음을 표시하는 한어병음과 중국어 모음

한어병음	운모 자리 출현 조건	예시	음소 & 음성
'o'	한어병음 'a' 뒤나 'ng' 앞	包, 中	/u/ & [u]
	한어병음 'u' 앞이나 뒤	头, 做	/o/ & [o]
	단독 출현	颇, 末	/o/ & [wo]
'a'	아래 두 경우를 제외한 음절 환경	爸, 加, 孩, 办	/a/ & [a]
	한어병음 'o'나 'ng' 앞	跑, 帮	/a/ & [ɑ]
	한어병음 'i/u([y])'와 'n' 사이	天, 选	/e/ & [ɛ]
'e'	한어병음 'i' 앞	赔	/e/ & [e]
	한어병음 'i'나 'u([y])' 뒤	接, 月	/e/ & [ɛ]
	한어 병음 'n'이나 'ng' 앞	分, 朋	/ɤ/ & [ə]
	단독 출현	饿	/ɤ/ & [ɤ]
'i'	단독 출현일 때나 음절 끝	鸡, 杯	/i/ & [i]
	한어병음 'z, c, s' 뒤	字, 次, 四	/i/ & [ɿ]
	한어병음 'zh, ch, sh, r' 뒤	知, 吃, 是, 日	/i/ & [ʅ]
'u'	한어병음 'j, q, x' 뒤 제외한 모두	步, 口, 弱	/u/ & [u]
'ü'	항상	女, 旅	/y/ & [y]

한어병음 'o'의 음가에 대해 많은 한국 사람들이 의구심을 표한다. 예를 들어 '劝 dòng'을 발음할 때에는 한국어 '똥'으로 인식되는 반면, '中 zhōng'을 발음할 때에는 '쫑'으로 인식되기 때문이다. 그런데 흥미로운 것은 중국어 모어 화자에게 그래서 '똥이냐 뚱이냐' 혹은 '쫑이냐 쭝이냐'하고 물으면 무엇이 다른지 인지하지 못한다. 어떻게 발음해도 모두 'dòng'이고 'zhōng'이라는 것이다. 이는 두 모어 화자의 음운 체계 차이로 인해 생겨나는 지각의 차이이다. 한국어의 모음 'ㅗ'는 어떤 음절 환경, 어떤 음소와도 모두 결합이 가능하기 때문에 한국인들은 모음 /o/를 인식할 때 매우 민감하게 지각할 수 있다. 반면 중국어 음절에서 모음 /o/가 실현되는 상황은 극히 제한적이다. 특히 단모음으로 실현되는 경우가 없고 항상 다른 분절음과 함께 실현된다. 따라서 상대적으로 [o]에 대한 지각적인 민감도가 약한 편이다.[65] 이는 [표 19]에서의 또 다른 예 '包 bāo'에도 동일하게 적용되어 한국인이 '빠우'라고 하든 '빠오'라고 하든 중국어 모어 화자는 모두 'bāo'로 인식한다. 그렇다면 이때 한어병음 'o'의 표준 음가는 무엇일까? 중국이 한어병음을 제정하던 당시 '한어병음 a뒤나 ng 앞'에 오는 'o'의 음가를 /u/로 제시하였다.[66] 때문에 [그림 34]와 같이 중국어에서 운미에 오는 모음에 /o/가 없고 /i, u/만 가능하다는 것도 한어병음으로 제시된 중국어 운모 'ao'에서 'o'의 음가가 /u/이기 때문이다.

이때 혹자는 그렇다면 한어병음 'bo, po, mo, fo'와 같이 'o'가 단독으로 출현할 때에도 단모음이 아니냐는 질문을 할 수 있다. 이 부분에 대해서도 연구자마다 제시하는 견해가 조금씩 다르지만 필자는 이 경우에 음소적으로 단모음이라고 생각한다. 왜냐하면 중국어 모어 화자들은 이러한 음절

---

65 **여기서 잠깐!** 이렇게 모어의 음운 체계로 인해 특정 음성이 들리지 않는 현상에 대해 'phonological deaf', 즉 '음운적인 귀머거리'라는 표현을 쓰기도 한다.

66 **여기서 잠깐!** 제시한 음절 환경에서 한어병음 'o'로 표현되는 모음의 음가가 /u/라는 것이지, 모음 [o]의 음가가 /u/라는 것이 아니니 혼동하지 말기를 바란다.

구성을 단운모로 인지하기 때문이다. 그렇지만 많은 연구자들이 제시된 음절에서 운모는 [uo] 혹은 [wo]로 실현된다는 것을 언급한다. 즉 실제 표면형이 두 개의 분절음으로 실현되는 이중모음의 형태라는 것인데 중국어 모어 화자의 발음을 들어보면 확실하게 [o]가 아닌 것을 느낄 수 있다. 이는 중국어의 순음 자음 /p, pʰ, m, f/가 순음 모음 /o/를 만나 온음절(full syllable)로 발음될 때 형성되는 일종의 자연스러운 순음 활음 [w]가 첨가되어 생겨나는 현상이다. 그렇다고 이것이 음소적으로 복운모를 뜻하는 것은 아니어서 이들은 음소적으로 운모 유형으로 보면 운복이 /o/인 개구호로 분류되고 운두에 /u/가 오는 합구호로 분류되지 않는다.[67] 요컨대 본서에서는 한어병음 'bo'로 제시되는 음절을 음소적으로 /po/로 보고 음성적으로 [pwo]로 실현되는 것으로 간주한다. 지금까지의 논의를 바탕으로 보면 한어병음 'o'가 실제 [o]의 음가로 실현되는 경우는 해당 음성 앞 혹은 뒤에 [u]가 출현할 때뿐이다.

한어병음 'a'로 제시되는 경우 음소는 /a/인 경우와 /e/인 두 가지 경우로 나뉘며, 전자인 경우는 뒤에 후설모음이 출현하는 경우에 후설모음 [ɑ]로 실현되고 그 이외의 상황에서는 모두 [a]로 실현된다. 음소가 /e/인 경우는 운두에 전설고모음이 출현하고[68] 운미에 치경비음이 오는 경우로서 실제 실현되는 음은 [ɛ]이다.

한어병음 'e'의 음가도 음절 환경에 따라 두 개의 서로 다른 음소 /e/와 /ɤ/일 수 있다. 먼저 음소 /e/인 경우에 운미에 [i]가 올 때 [e]로 실현되는 외에, 운두에 전설고모음이 오고[69] 운미가 없을 때 [ɛ]로 실현된다. 음소

---

67 **여기서 잠깐!** 한어병음방안에서도 이 유형을 개구호로 제시한다.
68 **여기서 잠깐!** 전설고모음 중에 [y]가 올 때 한어병음은 'u'로 쓰여 있지만 음가가 [u]가 아님에 주의하기 바란다.
69 **여기서 잠깐!** 이때도 전설고모음 중에 [y]가 올 때 한어병음은 'u'로 쓰여 있지만 음가가 [u]가 아님에 주의하기 바란다.

/ɤ/인 경우에는 단독으로 출현할 때 [ɤ]로, 운미에 비음이 올 때 [ə]로 실현된다.

한어병음 'i'의 음가도 음절 환경에 따라 두 개의 서로 다른 음소 /i/와 /ɨ/일 수 있다. 단독으로 출현하거나 음절 끝에 올 때에는 [i]로 실현되고, 성모 자리에 치음이 올 때에는 [ɿ]로, 성모 자리에 후치경음이 올 때에는 [ʅ]로 실현된다.

한어병음 'u'는 성모 자리에 경구개음이 올 때 운두나 운복의 자리에 출현하는 것을 제외하면 모두 [u]로 실현된다. 또 한어병음 'ü'는 항상 [y]로 실현된다.

끝으로 중국어의 주요한 음소배열제약을 정리해 보면, 먼저 중국어의 음절은 음절 성분 중에 운복이 반드시 존재해야 하며, 중국어의 모든 단모음이 이 자리에 출현할 수 있다. 단, 단모음 중 /ɨ/는 반드시 자음 성모와 함께 출현해야 한다. 중국어의 성모 자리에는 22개의 자음 중 /ŋ/을 제외한 21개의 자음 중 한 개가 올 수 있고, 혹은 성모 자리가 비어있는 영성모일 수도 있지만 자음이 두 개 이상 오는 자음군은 불허한다. 중국어의 운두 자리에는 모음 /i, u, y/ 중 한 개가 오거나 비어있을 수 있다. 반면 운미 자리에는 모음과 자음 모두 올 수 있는데 모음이 오면 /i, u/ 중에 한 개가 와야 하고, 자음이 온다면 /n, ŋ/ 중에 하나가 와야 한다. 운미 자리 역시 비어있을 수 있다. 따라서 중국어 음절 중 가장 작은 것은 운복만으로 이루어진, 즉 분절음 한 개로 이루어진 음절이며, 가장 큰 음절은 성모, 운두, 운복, 운미 자리에 모두 분절음이 한 개씩 출현하는, 즉 분절음 네 개로 이루어진 음절이다. 전자의 예로는 '啊, 饿, 一, 五, 雨' 등이 있고, 후자의 예로는 '装, 观, 讲, 前, 就, ㅋ' 등이 있다. 중국어 성모 중에 사호와 모두 결합할 수 있는 것은 자음 성모 중 /n, l/와 영성모 뿐이다.[70] 사실 음소배열

---

70 여기서 잠깐! 한어병음으로 제시되는 중국어 음절을 기반으로 본서에서 파악한 바로는

제약은 중국어 음절 구성에 맞는 것은 허용하는 것으로, 맞지 않는 것은 허용하지 않는 것으로 제시하고 그것이 실제와 부합한다면 어떤 기술도 가능하다.

음절의 적격성과 실재성 면에서 보자면 중국어는 한국어와 달리 분절음 층위에서 두 가지가 일치하지 않는 경우는 매우 드물다. 중국어는 기본적으로 한자 하나에, 하나의 음절, 하나의 의미가 함께 하나의 세트와 같이 존재하기 때문이다. 물론 방언으로 가면 발음만 존재하고 형식인 한자가 존재하지 않는 경우가 종종 있지만 표준 중국어에서 그런 경우는 매우 드물다.[71] 반면 초분절 성분인 성조는 존재하지 않을 이유가 없는데 존재하지 않는 경우가 상당히 존재한다. 즉 적격한 음절에서 특정 성조로 발음하지 않아 실재하지 않는다는 말이다. 예를 들어, 한어병음으로 제시하는 중국어 음절 'nan, lan, ran'은 적격한 음절이며 네 가지 성조 모두와 결합이 가능하지만 제1성으로 발음되는 어휘가 방언에서 유입된 경우가 있어 한 개 존재한다거나 아예 존재하지 않는다. 따라서 중국어의 음절수를 분절음 층위에서 약 400개 정도로 본다면 이론적으로 제4성과 결합할 때 약 1600개 정도의 음절이 존재해야 하지만 실제로 존재하는 음절 유형은 약 1200개 정도이다.

중국어 음절에는 총 407개의 유형이 존재한다. 이때 성모가 영성모인 경우의 유형이 34개로 가장 많고 성모가 'l /l/'인 경우가 24개, 'n /n/'인 경우가 23개의 유형으로 각각 2위와 3위를 차지한다. 반면 성모가 'f /f/'인 경우는 9개로 중국어 음절 유형 중에 가장 적게 나타난다. 이는 성조를 제외한 상태에서 성모와 운모의 결합 관계만을 바탕으로 파악한 것으로서 이론적으로는 407개의 음절 유형이 네 개의 성조와 모두 결합하면 1,628개의 중국어 음절이 존재해야 한다. 그러나 실제로 존재하는 음절에는 407개의 음절 유형이 4성을 모두 갖춘 것은 아니기 때문에 성조를 고려한다고 해도 그 수가 훨씬 적어지게 된다.

71 **여기서 잠깐!** 최근 온라인 상에서 'духang'과 같이 기존 음소배열제약에 어긋나는 음절 구조들이 등장하고, 그 형식인 한자를 나중에 창조하는 경우가 종종 있지만 이를 표준 중국어의 범위에 포함시키기에는 무리가 있다.

(3) 한·중 음절 구조 분석

음절 구조를 제시하는 방법 중에 수형도(樹型圖)가 직관적으로 알아보기 쉬운 편이다. 수형도는 원래 생성문법(generative grammar)에서 문장이 생성되는 규칙을 내부구조의 단계를 가시화하여 보여주기 위해 만들어낸 도형인데 이후 음운적인 구조를 제시할 때에도 자주 사용되어 왔다. 이에 본서에서도 먼저 한·중 음절 구조를 제시함에 있어 수형도를 활용해 보도록 하겠다. 어떤 음절의 수형도는 그것을 제시하는 연구자가 그 음절을 어떤 방식으로 인식하고 있는가를 그대로 반영한다. 따라서 동일한 음절일지라도 수형도의 형태가 조금씩 다를 수 있다. 먼저 한국어 '광'이라는 음절을 몇 가지 수형도로 아래 제시해 보도록 하겠다.

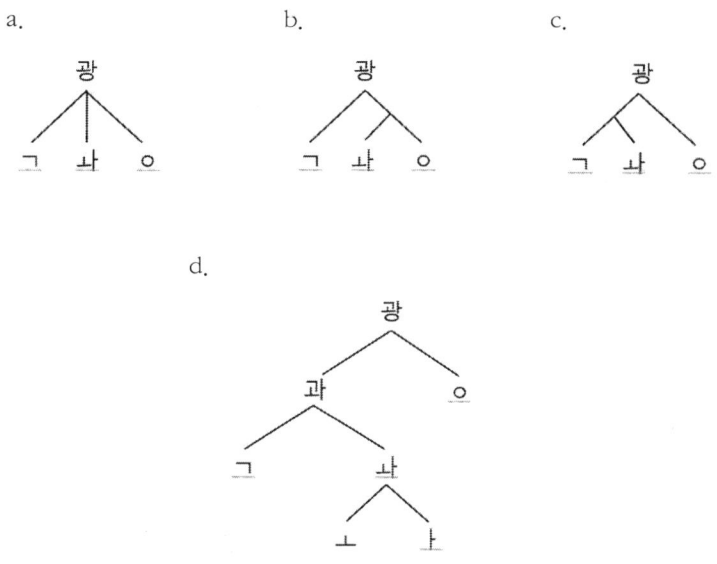

[그림 35] 한국어 음절의 수형도 유형

먼저 a-c는 가장 개략적으로 한국어 음절의 구조를 보여주고 있지만 자세히 보면 음절을 바라보고 있는 시각에 차이가 있다. 먼저 a는 초성, 중성, 종성을 모두 동일선상에 놓고 있지만 b는 초성을 따로 분리한 후 중성과 종성을 동일한 노드(node) 아래에 배치를 시켜 놓고 있다. 반면 c의 경우는 종성만 따로 분리를 시키고 초성과 중성을 동일한 노드 아래에 배치를 시켜 좋고 있다. 'a → b → c'까지 차례로 '80년대 이전 → 80년대 이후 → 90년대 이후'에 일반적으로 사용되던 형식으로 시기상의 차이가 존재한다. c와 같은 관점을 조금 더 자세히 분석해 놓은 것이 d인데, d는 음절을 성음(成音)과 아닌 것으로 먼저 구분하고 성음의 단계에서 전이음을 핵음과 함께 음절핵에 포함시킨 것이 특징적이다.

다음은 중국어 '光 guāng'과 '归 guī'라는 음절을 몇 가지 수형도로 아래 제시해 보도록 하겠다.

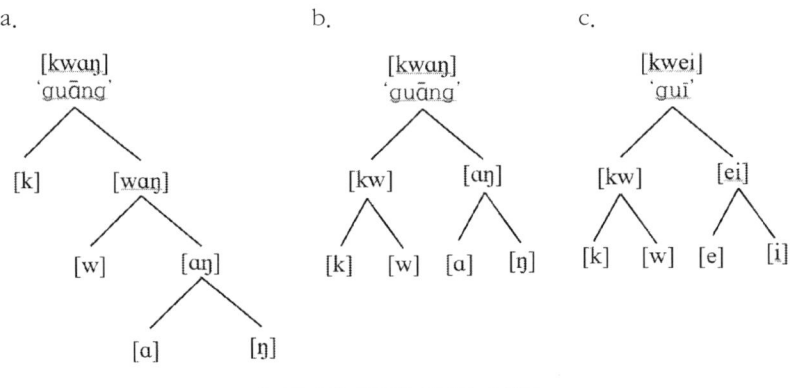

[그림 36] 중국어 음절의 수형도

a의 경우가 가장 일반적이고 전통적으로 중국어 음절을 인식했던 방식이라고 할 수 있다. 다시 말해, 중국어 음절을 성모와 운모로 나누고, 운모는 다시 개음, 즉 운두와 운으로 나눈 후에 운에 운복과 운미를 포함시키는 방식이다. 이는 본서에서 제시하는 중국어의 음절 구조와도 일치한다. 반

면 b와 c의 경우는 음절을 두음과 운으로 크게 나누고 운두라고 말하는 성분의 분절음이 일반적으로 활음으로 실현되는 것을 인식하고 성모 자리에 오는 자음과 함께 두음에 포함시키는 방식이다. 이는 영어에서 [j, w]와 같은 활음이 자음 음소 목록에 제시되는 것을 의식한 방식으로 보이는데 사실 활음은 성절하지 못할 뿐 음질에 있어서는 모음과 더 유사하다고 볼 수 있으므로 굳이 이러한 관점을 취할 필요가 있을지에 대해서는 의문이 든다. 그럼에도 불구하고 수형도로 제시되는 음절에 대한 인식은 연구자의 관점을 보여주는 것이므로 그 어떤 것도 옳고 그름으로 판단할 수 있는 것은 아니라고 생각한다. 다만 어떤 것이 더욱 설득력이 있는가의 문제일 뿐이다. b와 c의 차이점은 b의 경우는 말음에 자음이 오기 때문에 운에 핵음과 말음이 분리되지만, c는 운에 두 개의 모음이 자리하는 경우로서 이 두 모음을 모두 핵음으로 간주한다.

이제 위에 제시된 한·중 음절의 구조를 표로 제시하여 보다 가시적으로 명확하게 음절의 구성 분절음을 제시해 보도록 하겠다. 먼저 한국어 음절 '광'은 다음 표와 같이 분석될 수 있다.

[표 20] 한국어 음절 '광'의 음절 구조 분석

한국어 음절	초성	중성	종성
광	k	wa	ŋ

한국어 음절 '광'은 음소적으로 전사하면 /kuaŋ/인데 이중모음의 첫 번째 모음이 활음으로 실현되는 것을 감안하면 음성적으로 [kwaŋ]으로 전사될 수 있다. 따라서 음절 구조는 초성은 자음 [k], 중성은 [wa], 종성은 [ŋ]로 분석될 수 있다. 전사를 상대적으로 간략하게 하여 음소적으로 한다면 나머지는 동일하고 중성만 /ua/로 다르게 제시할 수도 있다.

다음 중국어 음절 'guāng'과 'guī'는 다음 표와 같이 분석될 수 있다.

[표 21] 중국어 음절 'guāng'과 'guī'의 음절 구조 분석

중국어 음절	성모	운모			성조
		운두 (개음)	운복 (주요모음)	운미 (말음)	
guāng	k	w	ɑ	ŋ	음평
guī	k	w	e	i	음평

중국어 음절 'guāng'과 'guī'는 음소적으로 전사하면 각각 /kuaŋ/과 /kuei/ 인데 복모음일 때 운두 자리에서 고모음이 활음으로 실현되는 것을 감안하면 음성적으로 각각 [kwɑŋ]과 [kwei]로 전사될 수 있다. 전자의 경우 [+back] 앞에서 모음 /a/가 후설모음으로 실현되는 것도 반영한 비교적 정밀한 전사로 볼 수 있다. 따라서 'guāng'의 경우 음절 구조는 제1성으로 실현되며 성모는 자음 성모 [k], 운모는 운두 [w], 운복 [ɑ], 운미 [ŋ]으로 분석될 수 있다. 또 'guī'의 경우는 제1성으로 실현되며 성모는 자음 성모 [k], 운모는 운두 [w], 운복 [e], 운미 [i]로 분석될 수 있다. 전사를 상대적으로 간략하게 하여 음소적으로 한다면 두 경우 모두 공통적으로 운두를 /u/로 다르게 제시할 수 있다. 또 'guāng'의 경우는 운복을 모음 /a/로 제시할 수 있다. 이와 같이 음절 구조 분석에도 연구자가 어떤 관점에서 연구를 진행하느냐에 따라 제시되는 방법에 차이가 있을 수 있음을 염두에 두어야 한다.

(4) 재음절화

음절 유형을 말할 때 일반적으로 음절수를 기준으로 구분하는 단음절과 다음절의 개념이 있다. 단음절이 1음절로 이루어진 음절이라면 다음절은

2음절 이상으로 이루어진 음절을 말한다.[72] 음절수는 주요모음의 수와 정확하게 일치한다. 즉 하나의 음절에 주요모음은 한 개가 존재하므로 주요모음의 수를 파악하면 음절의 수도 정확하게 파악할 수 있다. 한국어의 옥수수, 학교, 커피, 도서관은 모두 다음절 단어지만 돈과 밥은 단음절 단어이다. 중국어의 玉米, 学校, 咖啡, 图书馆은 모두 다음절 단어지만 钱과 饭은 단음절 단어이다.

또 말음 자음이 있느냐 없느냐를 기준으로 개음절과 폐음절로 음절 유형을 구분하기도 한다. 한국어는 중국어에 비해 말음에 오는 자음이 다양하기 때문에 다양한 폐음절이 존재한다. 예를 들어 밥([pap]), 것([kət]), 죽([tɕuk]), 담([tam]), 연([jən]), 정([tɕəŋ]), 말([mal]) 등과 같이 말음에 [p, t, k, m, n, ŋ, l]이 오는 음절이 모두 폐음절에 해당한다. 반면 중국어는 말음 자음으로 [n, ŋ]만 허용하기 때문에 '天(tiān, [tʰjɛn])'과 '帮(bàng, [pɑŋ])' 같이 음절말에 이 두 가지 자음이 오는 경우만이 폐음절에 해당하고 나머지는 모두 개음절에 해당한다.

한국어의 다양한 말음은 후행하는 음절의 초성 자리가 비어 있을 때 후행하는 음절의 두음으로 실현되는 이른바 연음 현상이 자주 발생한다. 위에 폐음절로 예를 든 한국어는 주격 조사 '이'가 후행할 때 각각 [바비, 거시, 주기, 다미, 여니, 마리]로 발음되는데 이러한 예가 바로 연음 현상이다. 연음이 될 때에는 선행하는 음절의 말음이 후행하는 음절의 두음으로

---

72 **여기서 잡깐!** 흔히 중국어는 단음절 언어라고 말한다. 단음절 언어라는 것은 하나의 음절로 이루어지는 언어라는 말이 되는데 언뜻 중국어에 2음절어가 많은 것을 생각해보면 틀린 말이라는 생각이 들 수 있다. 그러나 중국어가 단음절 언어라는 말에는 중국어의 형태소가 대체로 1음절이라는 사실이 전제된 의미라는 것을 이해할 필요가 있다. 예를 들어, 한국어의 '사랑'이라는 단어는 '사랑'이 하나의 형태소로서 2음절로 이루어진 단일어이며 한국어에는 이런 단어가 매우 많다. 반면 중국어의 '爱情'이라는 단어는 '爱'와 '情' 이렇게 두 개의 형태소로 이루어져 있고 각각의 형태소는 1음절이며 대부분의 단어는 이렇게 단음절 형태소가 합쳐져 이루어진다. 따라서 정확히 말하면 중국어는 유형적으로 단음절 단일형태소 언어라고 할 수 있다.

실현되는 이른바 재음절화가 일어나게 된다. 다시 말해 재음절화란, 두 개의 형태소나 단어가 연이어질 때 음절 구조가 새롭게 재편되어 새로운 음절 구조로 실현되는 것을 의미한다. 그리고 일반적으로 앞서 언급한 바와 같은 상황, 즉 선행하는 음절 말음의 후행하는 음절 두음화로 나타나는 경우가 많다. 이때 후행하는 음절은 원래 두음 자음이 존재하지 않고 모음으로 시작하여 선행하는 자음이 자연스럽게 후행하는 음절의 두음 자음이 될 수 있는 음절 구조적 여건을 갖추고 있게 마련이다. 혹은 때때로 선행하는 음절의 말음 자음과 후행하는 음절의 두음 자음이 음운 변화를 일으켜 새로운 자음으로 후행하는 음절의 두음으로 실현되는 경우도 종종 존재한다.

한국어뿐만 아니라 우리에게 익숙한 영어에서도 재음절화는 곧잘 일어나는 현상인데 흥미로운 것은 중국어에서는 이러한 재음절화가 형태소와 단어의 경계를 넘어 실현되지 않는다는 것이다. 따라서 재음절화를 언어 보편적인 현상으로 볼 수는 없다.

예를 들어 중국어에서 天安门[tiɛn.an.mən]을 한국식으로 발음하게 되면 天[tiɛn]과 安[an] 사이에 연음이 이루어져 '티에난먼[tiɛ.nan.men]'으로 발음하게 된다. 그러나 이렇게 연음된 발음은 중국어에서 오류를 발생시킨다. 중국어에서 이와 같은 재음절화가 일어나지 않는 이유에 대해 많은 연구자들이 중국어 영성모에 위치하는 분절음의 존재를 제시한다. 바꾸어 말하면 중국어의 영성모는 그 음절 성분 자리의 음가가 완전히 비어있지 않고 선행하는 음절의 자음 말음이 대체할 수 없게 만드는 분절음이 이미 존재하기 때문에 재음절화가 일어나지 않는다는 것이다. 위의 예로 설명하자면, 성문폐쇄음, 즉 후색음인 [ʔ]이 [an]의 영성모 자리에 두음으로 실현되기 때문에 선행음절 말음 [n]가 [an]과 함께 재음절화할 수 없게 된다. 이러한 논리에 근거하면 '一 yi'의 음소적인 전사는 /i/지만, 실제로 실현되는 음성적인 전사는 [ji]이고, '雨 yu'는 각각 /y/와 [ɥy]며, '五 wu'는 각각 /u/와

[wu]이다. 즉 두음 자리에 음가가 비어 있는, 즉 zero가 아닌 활음이 온다는 것이다.

영성모면서 운두 자리에 고모음이 출현하는 경우는 한어병음방안 자체에서 'y'나 'w'를 쓰도록 했기 때문에 선행하는 음절과의 간격을 따로 표시할 필요가 없다. 그러나 한어병음 'a, o, e'로 시작하는 영성모 음절의 경우는 따로 간격을 표시하는 알파벳을 사용하지 않기 때문에 선행하는 음절과의 사이에 격음 부호(')를 사용한다. 예를 들면 '晚安 wan'an', '嫦娥 Chang'e', '干呕 gan'ou' 등이 있다.

(5) 공명도 연쇄 원리

공명도 연쇄 원리(Sonority Sequencing Principle, 이하 SSP라고 함)란, 말소리를 구성하는 음절은 분절음의 연쇄로 구성되는데 이때 분절음 조직에 바탕이 되는 기본적인 원리를 일컫는 개념이다. 말소리가 물리적으로 구성되는 속성에 관여하는 원리이므로 개별 언어마다 다르지 않은 언어 보편적인 원리라고 할 수 있다.

먼저 SSP의 핵심 개념인 공명도는 쉽게 말해 소리의 상대적인 울림 정도를 나타내는 개념으로서, 조음점의 협착(constriction)과 성대의 울림 여부에 의해 결정된다. 이때 조음점의 협착이란 조음 부위가 얼마나 가깝게 접촉하는가를 의미한다. 따라서 조음점의 협착이 크다는 것은 조음 부위의 접촉이 가깝게 이루어진다는 것을 말하고, 그렇게 되면 다른 조건이 동일할 때 소리의 울림통이 작아져 울림 자체도 작아지게 되고 결국 공명도도 협착이 작은 경우보다 작아지게 된다. 따라서 협착의 정도와 공명도는 반비례하게 된다. 성대의 울림 여부는 무성음에 비해 유성음이 공명도가 크다는 것을 의미하므로 일반적으로 자음에 비해 유성음인 모음의 공명도가 크다. 물론 유성 자음도 존재하지만 유성 자음인 경우에도 조음 시 장애가 이루어지지 않는 모음보다는 조음점의 협착이 크기 마련이므로 모음의 공명도가 더 크게 마련이다. 또 동일한 모음일지라도 고모음은 폐모음에 해당하고 저모음은 개모음에 해당하므로 조음 시 양 입술의 개구도가 큰 저모음의 경우가 고모음보다 공명도가 더 크다.

　어떤 음절의 구성에서 가장 중요한 핵음(nucleus)은 그 음절에서 공명도가 가장 큰 분절음이 담당하게 되고, 그 핵음을 중심으로 앞뒤에 출현하는 분절음이 음절을 조직하며 비로소 하나의 음절이 완성되게 된다. 따라서 하나의 음절 구성에서 없어서는 안 될 가장 중요한 것이 주요모음이며 주요모음이 바로 한 음절의 핵음이 된다. 그러므로 한 음절을 구성하는 자음과 모음의 연쇄에서 공명도가 큰 모음이 주요모음이 되고, 모음이 여러 개 있다면 그 중에서 공명도가 가장 큰 모음이 그 음절의 핵음, 즉 주요모음을 담당하게 된다. 한 음절에 핵음은 하나만 존재하므로 음절수와 핵음수, 혹은 주요모음의 수는 동일하다.

　음절을 구성하는 분절음 중에 핵음 앞에 출현하는 분절음들은 핵음으로 갈수록 공명도가 커지고 핵음에서 가장 커졌다가 핵음 이후의 분절음들에서는 공명도가 점차 작아지게 마련이다. 이것이 바로 SSP의 핵심 개념이다. 그리고 모음이 자음보다 공명도가 크고, 저모음이 고모음보다 공명도가 크며, 조음 시 조음 부위의 장애가 적게 이루어지는 자음이 크게 이루어지는 자음에 비해 공명도가 더 크다. 따라서 모음은 활음보다 공명도가 크고, 활음은 자음 중 유성 자음인 유음보다 공명도가 크며, 장애의 정도가 매우 적은 유음은 또 다른 유성 자음, 그러나 일반적으로 파열의 방식으로 이루어지는 비음보다 공명도가 크다. 또 비음은 여타의 무성 장애음 자음보다 공명도가 크다. 무성 장애음 중에 조음점의 폐쇄가 이루어져야 하는 파열음이 마찰음에 비해 공명도가 더 낮다. 이런 식으로 이루어지는 위계 관계를 공명도 위계(Sonority Hierarchy)라고 한다.

　한국어와 중국어의 음절은 모두 SSP를 준수한다. 예를 들어 한국어 '광

[kwaŋ]'이라는 음절에서 핵음은 해당 음절에서 공명도가 가장 높은 모음 [a]가 담당하게 된다. [a]에 선행하는 [k]와 [w] 중에 무성 파열음 [k]는 활음 [w]보다 공명도가 낮고, [w]는 [k]보다 공명도가 높다. 따라서 핵음 [a]를 향해 점차 공명도는 높아지게 된다. 또 [a]에 후행하는 비음 자음 [ŋ]은 [a]보다 공명도가 낮으므로 [kwaŋ]이라는 음절은 공명도 그래프에서 핵음 [a]를 정점으로 '↗↘' 모양을 그리게 된다. 또 다른 예로 중국어 '九[tɕjou]'라는 음절에서 핵음은 해당 음절에서 공명도가 가장 높은 [o]가 담당하게 된다. [o]에 선행하는 [tɕ]와 [j] 중에 무성 파찰음 [tɕ]는 활음 [j]보다 공명도가 낮고, [j]는 [tɕ]보다 공명도가 높다. 따라서 핵음 [o]를 향해 점차 공명도는 높아지게 된다. 또 [o]에 후행하는 모음 [u]는 고모음이므로 중모음 [o]보다 공명도가 낮으므로, 해당 음절의 공명도 그래프 역시 핵음 [o]를 정점으로 '↗↘' 모양을 그리게 된다.

한국어와 중국어뿐만 아니라 많은 언어들의 음절들이 SSP를 준수하기 때문에 SSP는 앞서 언급한 바 있듯 음절 구성의 보편적인 원리라고 할 수 있다. 다만 예외가 없는 것은 아니어서 영어의 경우에도 대부분의 음절이 SSP를 준수하지만 's+파열음'으로 이루어지는 자음군 음절만은 SSP를 위반하고 있다. 예를 들어 'start'의 두음 자리에 오는 [s]와 [t]의 경우 전자가 무성 마찰음, 후자가 무성 파열음이므로 전자의 공명도가 상대적으로 높아 공명도 그래프에서 핵음 [a]를 향해 '↗'와 같은 모양이 그려지지 않는다. 그러나 핵음 뒤에 후행하는 [ɹ]와 [t]의 경우 유음 [ɹ]이 파열음 [t]보다 공명도가 높으므로 공명도 그래프에서 핵음을 지나 점차 공명도가 낮아지는 '↘' 형태를 나타내게 된다. 즉 두음 자음군과는 달리 말음 자음군에서는 SSP가 잘 준수되고 있는 것이다.

(6) 한·중 음절 대조

지금까지 7장에서 소개한 내용을 바탕으로 한국어와 중국어의 음절을 대조해 보면 먼저 한국어는 음절구조를 훈민정음의 원리에 따라 초성, 중성, 종성으로 삼분법적인 구조로 분석하지만 중국어는 전통적인 성운학적인 개념에 따라 성모와 운모로 이분법적인 구조로 분석한다. 한국어의 초성과 중국어의 성모 자리에는 분절음이 없을 수도 있고, 자음이 출현할 수도 있지만, 공통적으로 자음 /ŋ/은 출현하지 않는다.

한국어의 중성에는 모든 단모음 혹은 활음과 주요모음이 함께 출현할 수 있어 두 개의 분절음 출현이 가능하지만 중국어의 운모는 운두, 운복, 운미로 세분되고 각 음절 성분에는 하나의 분절음만 자리할 수 있다. 또 한국어의 종성에는 파열음과 비음 자음이 모두 출현 가능하지만 중국어의 경우는 운미 자리에 파열음 자음이 출현할 수 없고 비음 자음 중에도 /n, ŋ/ 중 한 개만 출현이 가능하고 /m/은 자리할 수 없다.

한국어와 중국어는 음절 성분 어디에서도 자음군의 출현을 허용하지 않으며 모든 음절은 SSP를 준수한다. 그러나 한국어에는 연음 현상이 빈번하게 발생하는 반면 중국어는 단어나 형태소의 경계를 넘어 재음절화가 일어나지 않아 선행음절 말음 자음이 후생음절 두음 자리로 연음되어 실현되지 않는다. 또 한국어 연구개음은 한국어 전설고모음 /i/와의 결합에 아무런 제약이 없지만 중국어 연구개음은 중국어 전설고모음 /i, y/와 결합하지 않는다. 반면 한국어의 치경파열음은 고유어와 한자어에서 전설고모음 /i/와 결합하지 않지만, 중국어의 치경파열음은 전설고모음 /i/와 결합에 아무런 제약이 없다. 이는 두 언어가 역사적인 변천과정에서 서로 다르게 이루어진 구개음화와 밀접한 관련이 있다.

8

한·중 음소의 변별자질

    Noam Chomsky와 Morris Halle의 『The Sound Pattern of English』 (1968)에서 기초가 형성된 생성 음운론에서 가장 핵심적인 개념은 기저형과 표면형, 그리고 음운규칙과 변별자질이라고 할 수 있다. 자질이란 말소리를 이루는 성질 혹은 속성이라고 할 수 있는데 자음과 모음을 구분하는 조음 위치, 조음 방법, 혀의 높낮이, 혀의 앞뒤 위치, 입술의 모양 등도 모두 말소리를 구성하는 속성이라고 할 수 있다. 예를 들어, 한국어의 'ㅂ /p/'은 무성 자질 [-voiced]와 순음 자질 [+labial]을 지니고 있으며 중국어의 'p [pʰ]'는 무성 자질과 순음 자질 외에 유기 자질 [+aspirated]를 지닌다. 이 중에 [p]와 [pʰ]를 구분해 주는 자질, 즉 [+aspirated]는 변별자질이 되고 두 분절음이 동시에 가지고 있는 자질 [-voiced]와 [+labial] 자질은 모두 잉여자질이 된다. 즉 언어적인 의미의 차이를 나타내는 음성적인 성질 혹은 속성은 변별자질이 되고, 언어적 의미 차이를 만들어내지 못하는 음성적인 성질 혹은 속성은 잉여자질이 된다.

    어떤 말소리의 물리적인 음성적 특성, 즉 자질은 보편적인 속성이어서 서로 통할 수 있지만 언어적인 의미 차이를 나타내는 음성적인 특성은 언어에 따라 다를 수 있기 때문에 변별자질 역시 언어마다 다르게 적용된다. 예를 들어 영어에서는 'b [b]'와 'p [p]'처럼 무성이냐 유성이냐에 따라

서로 다른 자음이 되기 때문에 [±voiced]가 매우 중요한 변별자질의 역할을 하게 된다. 반면 한국어와 중국어의 자음 체계에서는 [±voiced]에 의해 변별되는 자음이 없기 때문에 변별자질이 되어주지 못한다. 대신 한국어의 'ㅂ [p]'와 'ㅍ [pʰ]', 중국어의 'b [p]'와 'p [pʰ]'는 기식성의 여부에 따라 서로 다른 자음이 되기 때문에 [±aspirated]가 매우 중요한 변별적 자질의 역할을 한다.

한 언어의 음소 체계는 변별자질을 기반으로 대립한다. 여기서 대립이란 어떤 음소가 다른 음소와 구분되는 음성적인 특징이 있어 그 자질로 인해 두 음소 간 의미적인 차이를 실현하게 될 때 두 음소는 대립된다고 말한다. 즉 대립을 형성하는 음성적인 특징이 바로 변별자질인 것이다. 예를 들어 중국어의 '办 /pan/'과 '判 /pʰan/'은 전자의 /p/가 무기음인 [-aspirated]를 지니고, 후자의 /pʰ/가 유기음인 [+aspirated]를 지니기 때문에 의미의 차이가 생기게 되므로, 두 음소는 기식성 자질을 기반으로 대립되어 있다. 따라서 이때 [±aspirated]는 변별자질이 된다.

음소 간 대립뿐만 아니라 하나의 음소에 두 개 이상 표면적으로 실현되는 변이음 역시 변별자질로 구분하여 나타낼 수 있다. 예를 들어, 영어의 'p /p/'는 어두에서 실현될 때 기식성을 띠지만, 's /s/' 뒤에 출현할 때 기식성 없이 실현되는 경우가 많다. 즉 전자의 경우는 [+aspirated]의 자질을 지니지만 후자의 경우 [-aspirated]의 자질을 지닌다는 것이다. 따라서 영어 음소 /p/의 변이음 [pʰ]와 [p] 역시 변별자질 [±aspirated]로 그 대립성을 나타낼 수 있다. 이렇듯 한 언어에 출현하는 모든 말소리는 변별자질을 통해 그 음성적인 대립을 파악할 수 있다.

(1) 주요 변별자질

① 주요 부류 자질

변별자질을 소개할 때 제일 먼저 소개되는 것이 존재하는 모든 말소리를 크게 몇 가지로 나눌 때에 사용하는 자질, 즉 주요 부류 자질이다. 주요 부류 자질에는 성절성의 여부를 나타내는 [±syllabic], 공명성의 여부를 나타내는 [±sonorant], 자음성을 나타내는 [±consonantal]이 있다. 이들은 각각 [±성절성], [±공명성], [±자음성]과 같이 제시될 수도 있는데 본서에서는 다양한 서적에서 다양한 한국어 용어를 사용한다는 점을 고려하여 독자의 혼란을 줄이기 위해 대체로 일치된 용어를 사용하는 영어로 자질을 제시하기로 한다.

성절성은 대상 말소리가 단독으로 음절을 구성할 수 있느냐의 여부로 판단한다. 따라서 음절의 핵이 될 수 있고 그 자체로 음절을 구성하는 모음은 일반적으로 [+syllabic]을, 그렇지 못한 자음이나 활음은 [-syllabic]의 자질을 지닌다.[73] 혹자는 모음성, 즉 [±vocalic]으로 제시하는 것이 어떻겠냐고 반문할 수도 있을 텐데 유음의 경우 자음이지만 [+vocalic]의 자질을 지녀 모음성으로 자음과 모음을 구분할 수 없다. 유음은 모음성은 지니지만 성절은 하지 않기 때문에 성절성을 사용할 때 더욱 편리하게 자음과 모음을 구분해낼 수 있다.

공명성은 대상 말소리가 울림(loudness)을 동반하는가의 여부로 판단한

---

73 **여기서 잠깐!** 몇몇 성절 자음의 경우에는 음절을 이룰 수 있기 때문에 자음이어도 [+syllabic]의 자질을 지닐 수 있다. 그러나 우리가 흔히 자음이라고 말하는 전형적인 자음의 제일 큰 특징 중에 하나가 성절을 할 수 없다는 것이다. 성절 자음의 예로는 영어에서 [l] 혹은 [n]가 음절 말에 출현할 때 간혹 성절하여 [l̩], [n̩]로 실현되는 경우를 들 수 있다. 중국어 자음 중에 'zi', 'ci', 'si', 'zhi', 'chi', 'shi', 'ri'를 간혹 성절 자음으로 취급하는 연구들이 있는데 그런 경우는 차례로 [tsɿ], [tsʰɿ], [sɿ], [tʂʅ], [tʂʰʅ], [ʂʅ], [ʐʅ]로 음가를 제시한다. 그렇지만 일반적인 경우는 아니다.

다. 공명성 자질을 지니는 말소리들은 조음 기관의 장애 형성 정도가 적은 상태에서 기류가 성도를 통해 나온다는 특징을 지닌다. 즉 소리의 개방성(openness)과 관련이 있다. 따라서 모음이나 활음은 [+sonorant]의 자질을 지니고, 자음 중에 유성 자음, 즉 유음과 비음도 [+sonorant]의 자질을 지닌다. 이밖에 전형적인 장애음인 다른 자음들은 [-sonorant]의 자질을 지닌다.

자음성은 조음 기관에서 장애를 받아 형성되는 소리인가의 여부로 판단한다. 흔히 장애음이라고 일컬어지는 일반적인 자음들은 물론이고 장애의 정도가 작더라도 자음이 될 만큼의 장애가 형성되는 것은 모두 [+consonantal]의 자질을 지닌다. 반면 모음이나 활음은 조음할 때 장애가 형성되지 않으므로 [-consonantal]의 자질을 지닌다.

상술한 주요 부류 자질을 활용해 말소리 그룹들을 분류해 보면 아래 표와 같다.

[표 22] 말소리의 주요 부류 자질

주요 부류 자질 \ 분절음	모음	활음	유음과 비음	장애음
[syllabic]	+	-	-	-
[sonorant]	+	+	+	-
[consonantal]	-	-	+	+

② 조음 방법 자질

자음의 조음 방법도 자질로 나타낼 수 있는데 본서는 한·중 음운 체계가 논의의 주요 대상이므로 한·중 자음의 변별을 위해 유용한 조음 방법 자질 위주로 소개하도록 하겠다. 먼저 지속성을 나타내는 [±continuant]는 기류가 조음 기관을 거칠 때 막힘없이 지속되느냐의 여부로 판단한다. 따라서 조음할 때 폐쇄가 반드시 생기게 되는 파열음, 파찰음, 비음의 경우는 모두 [-continuant]의 자질을 지닌다. 이렇듯 지속되지 못하고 폐쇄가 일어나는 것은 파열음의 가장 큰 특징이기 때문에 [-continuant]는 파열음을 나타내는 대표적인 변별자질이라고 할 수 있다. 반면 지속성을 지니는 마찰음과 유음의 경우는 [+continuant]의 자질을 지닌다.

다음 소음성 혹은 조찰성(粗擦性)으로도 불리는 [±strident]는 해당 자음이 조음될 때 청각적으로 거친 소리인지의 여부로 판단한다. 조음 기관을 좁게 해서 기류를 통과시키는 소리들의 특징으로서 마찰음이 대표적이며 파찰음도 [+strident]의 자질을 지닌다. 반면 파열음이나 공명음, 즉 유음이나 비음은 [-strident]의 자질을 지닌다.

또 비음성, 즉 [±nasal]은 해당 자음이 조음될 때 비강으로 기류가 통과하느냐를 판단의 기준으로 삼으므로 흔히 비음 자음이라고 하는 것들은 모두 [+nasal]의 자질을 지니고 그 외에는 모두 [-nasal]의 자질을 지닌다. 설측성, 즉 [±lateral]의 경우는 설측음 조음 방식의 특징이므로 조음 시 기류가 혀의 양 옆으로 흘러내리느냐를 기준으로 판단한다. 따라서 당연히 설측음인 경우에만 [+lateral]의 자질을 지니고 그 외에는 모두 [-lateral]의 자질을 지닌다. 유음이 여럿 존재하는 언어의 자음 체계에서 흔히 'l'류만 [+lateral]의 자질을 지니고, 'r'류의 경우는 [-lateral]의 자질을 지닌다.

마지막으로 흔히 지연 개방성이라고 일컫는 [±delayed release]는 기류를 내보내는 조음 기관의 개방이 상대적으로 늦게 이루어지느냐의 여부로 판단한다. 즉 이 자질은 [+strident]를 공통적으로 지니고 있는 마찰음과 파찰음을 구분할 때에 파찰음의 경우 폐쇄의 시간이 존재한 후에 기류를 내보내기 때문에 마찰음보다 상대적으로 기류의 통과가 천천히 이루어진다. 따라서 파찰음만이 [+delayed release]의 자질을 지니므로 마찰음과 변별할 때 유용하게 사용되어진다.

③ 조음 위치 자질

자음의 조음 위치도 자질로 나타낼 수 있는데 역시 한·중 자음을 변별하는 데에 유용한 자질을 중심으로 논의를 이어가도록 하겠다. 그림을 보면서 조음의 위치를 참조하기 바란다.[74]

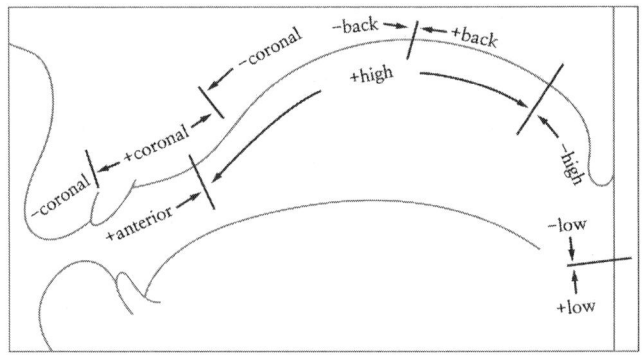

[그림 37] 조음 위치 자질

먼저 설정성이라고 일컫는 [±coronal]은 혀의 앞부분, 즉 혀끝이나 혓날이 치경이나 입천장 쪽으로 들리면서 나는 소리인지의 여부에 따라 판단된다. 따라서 치음, 치경음, 경구개음, 권설음 등은 모두 [+coronal]의 자질을 지니고, 이들은 자연스럽게 [-back]의 자질을 동시에 지니게 된다. 반면 양순음, 순치음, 연구개음 등은 모두 [-coronal]의 자질을 지닌다. 그러나 [-coronal]이라고 해서 모두 [+back]의 자질을 동시에 지니는 것은 아니다.[75]

---

74 **여기서 잠깐!** [그림 37]은 이기문·김진우·이상억(1984:110)에 제시된 그림을 참조하여 그린 것이다.

75 **여기서 잠깐!** [+coronal]을 지니는 말소리가 [+back] 자질을 동시에 지니는 것은 불가능하다. 따라서 [+coronal]을 제시했는데 [-back] 자질을 다시 제시하는 것은 잉여에 불과하므로 불필요하다고 할 수 있다. 반면 [-coronal]이더라도 순음의 경우에는 [+back] 자질을 지니지 않으므로 [-coronal]의 경우라고 해서 모두 [+back] 자질이 동시에 주어지는 것은 아니다. 물론 연구개음의 경우에는 [-coronal]이면서 [+back]

다음 전방성, 즉 [±anterior]은 장애가 형성되는 조음 위치를 치경에 두고 판단하는 자질로서, 장애가 치경을 포함하여 그 앞쪽에서 형성되면 [+anterior], 뒤쪽에서 이루어지면 [-anterior]의 자질을 지닌다. 따라서 양순음, 순치음, 치음, 치경음 등은 [+anterior]을, 후치경음, 경구개음, 연구개음, 성문음 등은 [-anterior]의 자질을 지닌다.

상술한 두 가지의 조음 위치가 주로 혀의 앞쪽에 중점을 두고 있다면 설배성, 즉 [±dorsal]은 혀의 뒷부분을 사용하는가에 중점을 두어 판단한다. 흔히 연구개음을 설배음이라고 하는데 이는 연구개음이 [+dorsal]의 자질을 지니는 대표적인 자음이기 때문이다. [+dorsal]을 지니는 경우는 모두 [+back] 자질도 지니고 있다는 의미가 되므로, [+dorsal]과 [-back] 혹은 [+coronal] 자질은 동시에 양립할 수 없다.

마지막 순음성인 [±labial]은 조음할 때 입술을 사용하는가의 여부로 판단한다. 따라서 순음인 양순음과 순치음은 모두 [+labial]의 자질을 지니고 그 외의 자음들은 모두 [-labial]의 자질을 지닌다. [+labial]인 경우는 모두 [-back] 혹은 [-dorsal]의 자질과 [+anterior]의 자질을 동시에 지니므로 [+back] 혹은 [+dorsal]이나 [-anterior]의 자질과 양립할 수 없다.

④ 후두 자질

일반적으로 중국어 음운학을 다루는 연구들은 후두 자질을 크게 유성성과 기식성으로 나누어 소개한다. 먼저 유성성을 의미하는 [±voiced] 자질은 성대의 진동 여부를 기준으로 판단하므로 모음, 활음, 유성 자음의 경우는 [+voiced]의 자질을, 무성 자음의 경우는 [-voiced]의 자질을 지닌다. 기식성을 의미하는 [±aspirated] 자질은 조음 시 기식이 동반되는가 그 여부로 판단을 하기 때문에 유기음은 [+aspirated]의 자질을, 무기음은 [-aspirated]

을 동시에 지닌다.

의 자질을 지닌다. 다만 한국어 자음의 경우 성문 협착성을 의미하는 [±constricted glottis](이하 [±CG]라고 함)가 음소 변별에 매우 중요한 작용을 한다. [+CG] 자질을 지니는 말소리는 조음할 때 성문에 힘이 들어가 좁혀진 상태에서 형성되는 소리를 가리킨다. 한국어 자음에서는 된소리, 즉 경음(硬音)이 [+CG] 자질을 지니고 그 외에는 모두 [-CG] 자질을 지닌다. 연구들 중에 [±CG] 대신 긴장성, 즉 [±tense] 자질을 사용하는 경우도 종종 볼 수 있는데, 경음뿐만 아니라 유기음, 즉 격음(激音)도 성대를 긴장시켜 내보내는 [+tense]를 지니는 긴장음에 해당하기 때문에 경음만을 변별하는 데에 이는 사실 그다지 유용하지 않다. 또 성문 협착성에 대응하는 개념으로 성문 확장성을 의미하는 [±spread glottis](이하 [±SG]라고 함)를 사용하는 경우도 있는데 기식성의 여부가 음소 변별에 매우 중요한 작용을 하는 중국어의 경우에는 이 자질이 더욱 유용하다. 왜냐하면 기식음은 모두 [+SG]의 자질을 지니기 때문이다. 흥미롭게도 한국어의 평음은 [-CG], [-SG]의 자질을 지닌다.

⑤ **모음 자질**

모음을 변별할 때 사용하는 자질에는 먼저 혀의 높낮이를 기준으로 판단하는 고설성, 즉 [±high]와 저설성, 즉 [±low]를 들 수 있다. 고모음의 경우는 [+high] 자질을 지니므로 [-low] 자질을 동시에 지니게 된다. 반대로 저모음의 경우는 [+low] 자질을 지니므로 [-high] 자질을 동시에 지니게 된다. 따라서 고모음과 저모음은 불필요한 잉여 자질까지 제시할 필요 없이 둘 중 하나의 자질만 제시해도 충분하다. 다만 중모음의 경우 [-high]면서 [-low]의 자질을 모두 지니므로 두 개의 자질을 모두 제시해 주어야 한다.

다음 혀의 앞뒤 위치를 중심으로 모음의 변별 기준을 삼는 후설성, 즉 [±back]과 전설성, 즉 [±front]가 있다. 일반적으로 [+back]이 더욱 유표적으로 취급되기 때문에 후설성을 전설성보다 많이 사용한다. 따라서 전설모음의 경우는 [-back]의 자질을 가지고 후설모음의 경우는 [+back]의 자질을 갖는다. 이때 불필요하게 [+front]나 [-front]의 자질을 다시 제시할 필요 없다. 다만 중설모음을 제시하고자 할 때에는 [-back]과 [-front]를 함께 제시해 주어야 한다.

마지막으로 입술의 모양으로 모음을 변별하는 원순성, 즉 [±round]는 원순모음의 경우 [+round] 자질을 지니고, 비원순, 즉 평순모음의 경우는 [-round] 자질을 지닌다. 원순모음의 경우에는 특별히 입술 모양을 동그랗게 만들어야 하므로 입술을 사용한다는 측면에서 [+labial]의 자질도 함께 지니게 된다.

(2) 한국어 음소의 변별자질

여기서는 상술한 변별자질을 바탕으로 한국어 자음과 모음의 변별자질에 대해 소개해 보도록 하겠다. 논의의 편의를 위해 음소 층위로 존재하는 것은 아니지만 한국어에서 실현되는 활음 역시 대상에 포함시키도록 할 것이다. 한글 자모는 한국인의 음소 체계를 명확하게 반영하므로 한국어의 자음과 모음은 한글 자모로 제시하고 활음은 IPA를 사용하여 제시할 것이다. 먼저 한국어 말소리의 주요 부류 자질은 다음 표와 같다.

[표 23] 한국어 말소리의 주요 부류 자질

한국어 말소리 주요 부류 자질	ㅣ, ㅔ, ㅡ, ㅓ ㅏ, ㅜ, ㅗ	j, w, ɰ	ㄹ, ㅁ, ㄴ, ㅇ	ㄱ, ㄲ, ㅋ, ㄷ, ㄸ ㅌ, ㅂ, ㅃ, ㅍ, ㅅ ㅆ, ㅈ, ㅉ, ㅊ, ㅎ
[syllabic]	+	-	-	-
[sonorant]	+	+	+	-
[consonantal]	-	-	+	+

다음은 한국어 자음의 조음 방법 자질을 표로 제시한 것이다.

[표 24] 한국어 자음의 조음 방법 자질

조음 방법 자질 \ 한국어 자음	ㄱ, ㄲ, ㅋ, ㄷ, ㄸ, ㅌ, ㅂ, ㅃ, ㅍ	ㅅ, ㅆ, ㅎ	ㅈ, ㅉ, ㅊ	ㅁ, ㄴ, ㅇ	ㄹ
[continuant]	-	+	-	-	+
[strident]	-	+	+	-	-
[nasal]	-	-	-	+	-
[lateral]	-	-	-	-	+
[delayed release]	-	-	+	-	-

한국어 음소의 변별자질을 소개할 때 연구에 따라 서로 다르게 소개되는 것이 /ㄹ/이다. 유음은 일반적으로 기류가 계속해서 흘러나가는 상태에서 나는 소리라는 점에서 [+continuant]로 분류하지만 한국어 유음 /ㄹ/의 경우 조음 시 기류가 지나가는 길이 막힌다는 점을 고려하여 언구에 나라 [-continuant]로 분류하기도 한다. 이는 /ㄹ/이 초성에 올 때에 일어나는 현상이고 종성에 위치할 때에는 여전히 [+continuant]의 자질을 지닌다. 몇몇 연구자들은 그 또한 그렇게 되면 한국어 7종성 중에 유일하게 /ㄹ/만이 [+continuant]의 자질을 지니는 것으로 되어 일관된 종성 체계의 자질 유지가 어렵다고 지적한다. 그러나 본서에서는 유음 고유의 자질을 고려할 때 한국어 /ㄹ/ 역시 기본적으로 [+continuant]를 지니는 것으로 제시하는 것이 합리적이라고 판단한다. 다만 음절에서 어떤 위치에서 출현하느냐에 따라 해당 자질의 성질에 변화가 생길 수 있다는 여지는 남겨 두어야 한다. 이러한 현상은 많은 음소에서 흔하게 발생하는 현상이다. 예를 들어 흔히 알고 있는 영어의 무성 파열음 /p, t, k/는 /s/ 뒤에서 [+CG]의 자질을 지니고 실현되지만 그렇다고 해서 영어 무성 파열음의 자질을 제시할 때 [+CG]로 제시하지는 않는다.

다음 조음 위치 자질에 따라 한국어 자음을 제시하면 다음 표와 같다.

[표 25] 한국어 자음의 조음 위치 자질

조음 위치 자질 \ 한국어 자음	ㅂ, ㅃ, ㅍ, ㅁ	ㄷ, ㄸ, ㅌ, ㅅ, ㅆ, ㄴ, ㄹ	ㅈ, ㅉ, ㅊ	ㄱ, ㄲ, ㅋ, ㅇ	ㅎ
[coronal]	-	+	+	-	-
[anterior]	+	+	-	-	-
[dorsal]	-	-	-	+	-
[labial]	+	-	-	-	-

한국어 자음은 후두 자질에 따라 아래와 같이 제시될 수 있다.

[표 26] 한국어 자음의 후두 자질

후두 자질 \ 한국어 자음	ㄱ, ㄷ, ㅂ, ㅅ, ㅈ, ㅎ	ㄲ, ㄸ, ㅃ, ㅆ, ㅉ	ㅋ, ㅌ, ㅍ, ㅊ	ㄹ, ㅁ, ㄴ, ㅇ
[voiced]	-	-	-	+
[constricted glottis]	-	+	-	-
[spread glottis]	-	-	+	-

끝으로 한국어 모음은 자질에 따라 아래와 같이 제시된다. 모음은 중설 모음을 인정하는 '7 모음 체계'에 따라 제시하기로 한다.

[표 27] 한국어 모음의 자질

모음 자질 \ 한국어 모음	ㅣ, ㅡ, ㅜ	ㅔ, ㅓ, ㅗ	ㅏ
[high]	+	-	-
[low]	-	-	+
[back]	ㅣ, ㅡ [-back] ㅜ [+back]	ㅔ, ㅓ [-back] ㅗ [+back]	-
[round]	ㅣ, ㅡ [-round] ㅜ [+round]	ㅔ, ㅓ [-round] ㅗ [+round]	-

(3) 중국어 음소의 변별자질

이제 중국어 자음과 모음의 변별자질에 대해 소개해 보도록 하겠다. 역시 음소 층위로 존재하는 것은 아니지만 중국어에서 실현되는 활음도 대상에 포함시키도록 할 것이다. 한글 자모와는 달리 중국어의 한어병음은 중국인의 음소 체계를 반영하는 것에 한계가 있어 중국어의 자음과 모음, 활음은 모두 IPA를 사용하여 제시하기로 한다. 먼저 중국어 말소리의 주요 부류 자질은 다음 표와 같다.

[표 28] 중국어 말소리의 주요 부류 자질

주요 부류 자질 \ 중국어 말소리	i, y, ɨ, u, e ɤ, o, a	j, w, ɥ	l, ɻ m, n, ŋ	p, pʰ, t, tʰ, k, kʰ, x, f, ts, tsʰ s, tʂ, tʂʰ, ʂ, tɕ, tɕʰ, ɕ
[syllabic]	+	-	-	-
[sonorant]	+	+	+	-
[consonantal]	-	-	+	+

다음은 중국어 자음의 조음 방법 자질을 표로 제시한 것이다.

[표 29] 중국어 자음의 조음 방법 자질

조음 방법 자질 \ 중국어 자음	p, pʰ, t, tʰ, k, kʰ	f, s, ʂ, ɕ, x	ts, tsʰ, tʂ, tʂʰ, tɕ, tɕʰ	m, n, ŋ	l	ɻ
[continuant]	-	+	-	-	+	+
[strident]	-	+	+	-	-	-
[nasal]	-	-	-	+	-	-
[lateral]	-	-	-	-	+	-
[delayed release]	-	-	+	-	-	-

다음 조음 위치 자질에 따라 중국어 자음을 제시하면 다음 표와 같다.

[표 30] 중국어 자음의 조음 위치 자질

조음 위치 자질 \ 중국어 자음	p, pʰ, m, f	t, tʰ, n, l, ts, tsʰ, s	tʂ, tʂʰ, ʂ, ɻ, tɕ, tɕʰ, ɕ	k, kʰ, x, ŋ
[coronal]	-	+	+	-
[anterior]	+	+	-	-
[dorsal]	-	-	-	+
[labial]	+	-	-	-

중국어 자음은 후두 자질에 따라 아래와 같이 제시될 수 있다. 다만 중국어 자음 체계에서는 성문 협착성이 변별적으로 작용하지 않기 때문에 [constricted glottis]는 제시하지 않기로 한다.

[표 31] 중국어 자음의 후두 자질

후두 자질 \ 중국어 자음	p, f, t, k, x ts, s, tʂ, ʂ, tɕ, ɕ	pʰ, tʰ, kʰ, tsʰ tʂʰ, tɕʰ	l, ɻ m, n, ŋ
[voiced]	-	-	+
[spread glottis]	-	+	-

끝으로 중국어 모음은 자질에 따라 아래와 같이 제시된다. 중국어 모음은 '8 모음 체계'에 따라 제시하기로 한다.

[표 32] 중국어 모음의 자질

모음 자질 \ 중국어 모음	i, y, ɨ, u	e, ɤ, o	a
[high]	+	-	-
[low]	-	-	+
[back]	i, y, ɨ [-back] u [+back]	e [-back] ɤ, o [+back]	-
[round]	i, ɨ [-round] y, u [+round]	e, ɤ [-round] o [+round]	-

9

중국어의 음운 변화

    음성 변이는 어떤 음소가 특정 음절 환경에서 실현될 때 그 음가에 변화가 발생하는 것을 의미한다. 한국어는 음성 변이가 매우 활발하게 일어나는 언어로서 사실 외국인들이 한국어 모음과 자음의 음소 층위 음가를 잘 익혔다고 해도 다양한 음절 환경에서 실현되는 음성 변이로 인한 음가의 변화를 제대로 인지하고 발화하는 것은 상당히 어렵다. 게다가 한국어는 형태소 역시 주어진 음절 환경에 따라 몇 가지 다른 발음으로 실현되기 때문에 한국어를 한국 사람처럼 유창한 발음으로 발화한다는 것은 여간 힘든 일이 아니다.[76] 중국어를 목표어로 하는 외국인 학습자의 입장에서 다행스러운 것은 중국어는 한국어만큼 음절 경계를 넘나들며 활발하게 음성 변이가 발생하지 않는 언어라는 점이다. 그렇다면 중국어는 왜 한국어와 같이 음성 변이가 활발하게 일어나지 않을까? 그 질문에 대해 필자는 중국

---

76 **여기서 잠깐!** 예를 들어, 한국어 단어 '읽다'에서 형태소 /읽/은 어떤 음절 환경에서 실현되느냐에 따라 [잉는], [일게], [익찌] 등과 같이 실현된다. 따라서 형태소 기저형을 생각하지 않고 발음되는 표면형만 시각적으로 제시한다면 사실 한국사람 조차 무슨 의미인지 바로 인지하기가 쉽지 않을 정도다. 그러나 중국어는 이렇게 형태소 경계를 넘어 음성 변이가 일어나는 것이 거의 불가능하기 때문에 형태소 자체의 발음만 잘 익혀두면 어떤 다른 형태소 혹은 단어와 함께 출현해도 발음에 크게 변화가 발생하지 않는다.

어의 경우 형태소, 음절, 글자, 이 세 가지가 삼위일체(三位一體)가 되어 늘 함께 움직이기 때문이라고 생각한다. 다시 말해, 중국어의 형태소는 기본적으로 하나의 글자로 제시되어 그 형태가 존재하고, 그 글자는 하나의 음절로 이루어져 있다. 따라서 글자 간 경계가 곧 형태소 간 경계가 되며, 그것이 곧 음절 간 경계가 되기 때문에 그 경계를 넘어 음성 변이를 일으키는 것이 어렵다. 이 때문에 앞서 언급했던 재음절화의 경우도 중국어에서는 형태소 경계를 넘어 일어나지 않는 것이다.

그러나 중국어에도 한국어처럼 활발하지는 않지만 주어진 음절 환경에 따라 음성 변이가 발생한다. 특히 초분절 성분인 성조의 경우 그 변이가 더욱 다양하게 일어난다. 이에 본 장에서는 분절음 층위에서 발생하는 음성 변이와 초분절 층위에서 발생하는 성조 변화를 구분하여 중국어의 음운 변화를 소개해 보고자 한다.

(1) 중국어의 음성 변이

① 동화

많은 언어에서 일어나는 음성 변이 중에 가장 흔한 것이 동화라고 할 수 있다. 동화는 이웃한 소리 자질에 영향을 받아 비슷한 자질로 변화하는 현상을 일컫는다. 이웃한 소리와 완전히 동일하게 변화하면 완전 동화, 이웃한 소리의 특정 자질만을 닮게 되면 부분 동화라고 하며, 당연히 부분 동화가 완전 동화보다 더 자주 발생하기 마련이다. 또 선행하는 소리 자질의 영향을 받아 유사하게 변화하면 순행 동화, 후행하는 소리 자질의 영향을 받아 비슷하게 변화하면 역행 동화라고 한다. 한국어나 중국어에서는 순행 동화보다 역행 동화가 더 자주 발생한다. 그리고 동화를 언급하면서 가장 친숙한 것이 자음동화인데 자음동화는 일반적으로 후행하는 소리의 조음 위치 자질에 영향을 받아 변화되는 경우가 많다. 이때 보통 조음 방법 자질은 그대로 유지가 된다. 예를 들어 중국어 '钱包qiánbāo'를 발음할 때 1음절의 말음 /n/는 후행하는 성모 자리의 두음 /p/가 [+labial]의 자질을 가지는 것에 동화되어 /n/가 지니는 조음 방법 자질 [+nasal]은 유지한 채 조음 위치 자질을 [+labial]로 변화시켜 [m]로 실현된다. 즉 기저형은 /tɕʰien.pau/지만 [tɕʰjɛm.pɑu]로 실현된다는 것이다. 이는 후행하는 소리의 영향을 받았으므로 역행 동화이며 동일한 소리로 변화한 것은 아니므로 부분 동화로 볼 수 있다. 또 2음절의 주요모음 /a/가 후설모음인 [ɑ]로 실현되는 것도 볼 수 있는데 이는 운미에 오는 /u/의 [+back] 자질에 영향을 받아 중설모음 /a/가 [+back] 자질로 변화하여 후설모음 [ɑ]로 실현된 것이다. 역시 역행 동화이며 부분 동화라고 할 수 있다. 먼저 언급한 /n/ → [m] 실현은 자음동화, /a/ → [ɑ] 실현은 후설음화라고도 칭할 수 있다. 두 음성 변이 현상을 규칙으로 제시하면 다음과 같다.[77]

○ 규칙1
  [+nasal, -labial] → [+labial / __ [+labial]
  또는 /n/ → [m] / __ [m]

○ 규칙2
  [+syllabic, -back] → [+back] / __ [+back]
  또는 /a/ → [ɑ] / __ [u, ŋ]

규칙1과 같은 적용을 받는 또 다른 예로는 중국어 '版面 bǎnmiàn'을 들 수 있다. 이때는 기저형 /pan.mien/이 표면형 [pam.mjɛn]으로 실현되는

---

[77] **여기서 잠깐!** 음성 변이 현상은 일정한 규칙 안에서 이루어지므로 음운 규칙을 사용하여 제시할 수 있어야 한다. 제시된 규칙에서 '→'는 변화를, '/'는 변화되는 음운 환경을, '__'는 해당 음성이 출현하는 자리를 의미한다. 또 규칙은 연구자의 편의에 따라 자질로 나타낼 수도 있고 음성 자체를 제시해서 나타낼 수도 있다.

데 후행하는 /m/ 조음 위치의 영향을 받아 선행하던 /n/이 [m]으로 실현된다. 이때는 후행하던 소리 자체에 [+nasal] 자질이 원래 있었기 때문에 두 소리가 [m]으로 동일해지므로 역행동화면서 완전동화라고 할 수 있다. 지금까지는 후행하는 자음이 양순비음일 때를 예로 들었는데, 만약 후행하는 자음이 연구개비음이면 어떻게 자음동화가 일어날까? 예를 들어 중국어 '很好 hěnhǎo'는 기저형, 즉 음소 층위에서 /xɤn.xau/로 전사된다. 그러나 실제로 표면형에서는 [xəŋ.xɑu]로 음성 층위의 정밀한 전사가 제시될 수 있다. 이는 1음절 운미 /n/가 후행하는 성모 /x/의 [+dorsal] 자질에 영향을 받아 조음 방법인 [+nasal]을 유지하면서 조음 위치에서 [+dorsal]의 자질을 획득하여 [ŋ]으로 변화하는 역행동화면서 부분 동화인 현상이다. 2음절의 주요모음이 [ɑ]로 실현되는 것은 앞서 설명한 후설음화와 동일하고, 여기서 한 가지 더 언급하고자 하는 것은 1음절의 주요모음 /ɤ/가 [ə]로 실현되는 현상이다. 모음 /ɤ/의 [+tense] 자질이 후행하는 비음 앞에서 긴장성을 잃고 [-tense] 로 변화하여 [ə]로 실현되는데 이 또한 후행하는 자질의 영향을 선행하는 자질이 받게 되는 것이므로 역행동화라고 할 수 있다. 앞서 설명한 두 가지 현상을 규칙으로 제시하면 다음과 같다.

○ 규칙3
[+nasal, -dorsal] → [+dorsal] / __ [+dorsal][78]
또는 /n/ → [ŋ] / __ [ŋ]

○ 규칙4
[+syllabic, +tense] → [-tense] / __ [+nasal]
또는 /ɤ/ → [ə] / __ [n, ŋ]

---

78 **여기서 잠깐!** [n]라는 소리는 [+nasal, +coronal]의 자질을 지니므로 해당 규칙을 이와 같이 제시해도 무관하다. 어차피 [+coronal]과 [+dorsal]은 8장에서 설명했던 것과 같이 양립할 수 없는 자질이어서 [+coronal]이면 [-dorsal]이기 때문이다.

위 예에서 마지막으로 한 가지 더 언급하고 싶은 것은 중국어의 연구개비음 [ŋ]은 비음성이 매우 높은 것으로 알려져 있다. 이에 [ŋ]이 후행하면 선행하는 모음이 일반적으로 비음화하여 비모음으로 변화하는 동화 현상이 일어나는데 이는 원래 모음이 가지고 있지 않던 [+nasal] 자질을 획득함으로써 이루어지게 된다. 따라서 위의 예 '很好 hěnhǎo'의 첫 번째 음절의 주요모음을 더욱 정밀하게 전사하면 비모음인 [ə̃]으로 전사할 수 있다.[79] 그리고 이와 같은 비음화는 다음과 같은 규칙으로 제시할 수 있다.

○ 규칙5
[-consonantal] → [+nasal] / __ [+nasal, +dorsal, +consonantal]
또는 /ə/ → [ə̃] / __ [ŋ]

위에 제시된 규칙들은 사실 적용되는 데에 순서가 존재한다. 먼저 규칙4가 적용되어 비음 앞에서 /ɤ/가 [ə]로 변화한 후에 후행하는 자음 /x/의 영향을 받아 /n/이 [ŋ]으로 변화하고, 다시 [ŋ] 앞에 선행하는 모음이 비음화될 음절 환경이 만들어져 [ə̃]으로 실현되기 때문이다. 이렇게 규칙 적용의 순서가 정해져 있는 것을 내재적 규칙 순서라고 한다.[80]

반면 중국어 '棒 bàng'의 기저형은 /paŋ/이고 표면형은 [pãŋ]일 때, /a/

---

79 **여기서 잠깐!** 구별기호 '~'는 비음을 의미한다.
80 **여기서 잠깐!** 내재적 규칙 순서에 대응하는 개념으로 외재적 규칙 순서를 들 수 있다. 이는 주어진 음절 환경으로 볼 때 몇 가지 서로 다른 음운 규칙이 적용될 수 있지만 그 중 특정한 음운 규칙이 적용되어야만 표면형이 올바르게 도출되는 경우를 말한다. 중국어의 예에서는 찾기가 어렵고, 한국어를 예로 들면, '살(다)+는'이 [사는]으로 실현될 때 음절 환경은 'ㄹ탈락'과 '유음화'가 모두 적용될 수 있지만 'ㄹ탈락'을 적용해야 올바른 표면형 [사는]이 도출된다. 한국어 음운 현상 중에 'ㄹ' 뒤에서 'ㄴ'이 'ㄹ'로 유음화되는 경우도 음절 환경에서는 갖추어져 있지만 그렇게 되면 [살를]이 되어 올바르지 못한 표면형을 도출하게 된다. 이와 같이 규칙의 순서가 자동으로 정해지지 않고 인위적으로 정해줘야만 올바른 표면형을 도출할 수 있는 경우를 외재적 규칙 적용이라고 한다.

→ [ɑ]로 실현되는 후설음화와 [ã]으로 실현되는 비음화는 규칙의 순서가 존재하지 않는다. 주요모음 /a/ 뒤에 [ŋ]이 뒤따르므로 후설음화한 후 비음화하든, 비음화한 후 후설음화하든 모두 최종적인 표면형이 [ɑ̃]로 동일하기 때문이다. 이와 같은 경우를 무규칙 순서라고 한다. 즉 규칙 적용의 순서를 바꾸어도 표면형 도출에 아무 문제가 없는 경우를 말한다.

다음 경성 음절에서 출현하는 유성음화 역시 동화의 일종으로 볼 수 있다. 중국어 '爸爸 bàba'나 '弟弟 dìdi'를 발음할 때 한국인들은 1음절의 성모와 2음절의 성모가 다르다고 느낀다. 즉 1음절의 성모는 한국어로 '빠'와 '띠'로 생각되고 2음절의 성모는 '바'와 '디'로 느껴진다.[81] 경성 음절은 제1-4성에 비해 상대적으로 길이가 짧고 약음절로 실현되기 때문에 주변 음의 영향을 더 많이 받게 된다. 따라서 어떤 무성음이 경성 음절에 속하면서 앞뒤로 유성음 사이에서 출현하면 그 유성성의 영향을 받아 유성음으로 변화하게 되는데 이를 유성음화라고 한다. 그리고 중국어의 유성음화는 경성 음절에서만 일어나는 현상이다. 주로 앞뒤로 모음이 오는데 모음은 기본적으로 유성음이고 자음 중에는 비음이나 유음이 유성음에 속하게 되므로 선·후행하는 분절음은 주로 모음이나 유성 자음이 된다. 이는 인접한 음성의 [+voiced] 자질을 따라가게 되는 것이므로 동화 현상의 일종임에 틀림이 없다. 따라서 언급한 예 '爸爸 bàba'나 '弟弟 dìdi'는 각각 기저형 /pa.pa/나 /ti.ti/가 [pa.ba]나 [ti.di]로 실현될 수 있다.[82] 이를 규칙으로 제시

---

81 **여기서 잠깐!** 반면 중국어 모어 화자들은 1음절과 2음절의 성모를 인지적으로 다르다고 생각하지 않는 경우가 많다. 음소적으로 모두 /p/와 /t/로 인지되기 때문이다. 이는 한국인들이 '고깃국'의 'ㄱ'이 모두 다르지 않다고 느끼는 것과 동일한 현상이다. 한국인들은 여기서 'ㄱ'을 모두 /k/로 인지하기 때문이다. 그러나 모어에서 이들의 음성적 차이를 구분하는 외국인 화자들은 '고깃국'의 'ㄱ'이 다른 소리라고 지적할 것이다. 이 부분에 대한 자세한 논의는 2장을 참조하기 바란다.

82 **여기서 잠깐!** 흥미로운 것은 음성 산출 실험 결과, 모어에서 1음절과 2음절의 성모가 다르게 느껴지는 한국인들의 발음이 더욱 과장해서 2음절을 '바'나 '디'에 가까운 소리로 발음하여 1음절과 구분하는 경향이 있는 것으로 나타났다. 반면 중국어 모어

하면 다음과 같다.[83]

○ 규칙6
[-voiced] → [+voiced] / [+voiced]$[__[+voiced]]σweak

이밖에도 중국어 '你的 nǐde', '老张的 lǎozhāngde', '五个 wǔge', '三个 sānge' 등과 같은 경성음절에서는 모두 이와 같은 유성음화가 자연스럽게 일어날 수 있다.

동화 중에 많은 언어에서 흔하게 일어나는 또 다른 대표적인 현상 중에 하나가 구개음화이다. 구개음화는 일반적으로 경구개음화를 가리키는 경우가 많은데 한국어에서는 치경음 /t/(ㄷ)나 /tʰ/(ㅌ)가 모음 /i/나 활음 [j] 앞에서 [tɕ](ㅈ)나 [tɕʰ](ㅊ)로 바뀌는 현상을 가리킨다. 따라서 한국어의 /같이/는 [가치]로, /굳이/는 [구지]로 실현된다. 즉 치경음의 조음 위치가 경구개음으로 변화되기 때문에 구개음화라고 하는데, 이는 해당 자음이 후행하는 모음 /i/의 조음 위치에 영향을 받아 그와 유사해지는 현상이라는 점에서 역행 동화의 일환으로 볼 수 있다. 이러한 현상은 영어에서도 흔하게 일어난다. 영어 'without you'를 [wɪ.ðaʊ.tʃju]라고 발음하는 것도 치경음 /t/가 /j/ 앞에서 조음 위치를 후치경쪽으로 옮겨 [tʃ]로 실현되는 구개음화로서 역시 역행 동화의 일종이라고 할 수 있다.

반면 중국어의 구개음화는 이미 역사적인 변천을 통해 완성된 것으로 평가된다.[84] 그러나 몇몇 연구자들 중에 중국어 자음 음소 체계에 [tɕ], [tɕʰ],

---

화자들은 실제 2음절의 소리가 한국어 '바'나 '디'보다는 여전히 '빠'나 '띠'에 가깝게 발화하는 경향이 있어 1음절과의 차이가 크지 않았다. 즉 2음절의 성모가 경성 음절이고 앞뒤로 유성음이 출현하여 유성음으로 발화된다고 하더라도 한국인이 생각하는 만큼 중국인들의 발화가 '바'나 '디'는 아니라는 것이다.

83 여기서 잠깐! 제시된 규칙 중 '$'는 음절 경계를 의미하므로 해당 음성은 음절의 두음, 즉 성모 자리에 출현하는 것을 의미한다. 또 σ는 음절을 의미한다.

[ɕ]를 포함시키지 않는 경우가 있다고 4장에서 언급한 바 있는데 이런 경우에는 구개음화가 공시적인 음성 변이 현상으로 다루어질 수 있다. 즉 중국어의 자음 음소를 /ts/, /tsʰ/, /s/로 보고 이들이 후행하는 전설고모음이나 전설고활음 앞에서 조음 위치의 영향을 받아 경구개음인 [tɕ], [tɕʰ], [ɕ]로 실현된다고 보는 것이다. 이러한 입장에 입각하면 [tɕ], [tɕʰ], [ɕ]는 변이음으로만 출현하고 음소적인 지위를 얻지 못하게 된다. 그리고 이러한 구개음화는 필수적으로 일어나야 하는 부자유 음변에 속하게 된다. 예를 들면, 중국어 '今 jīn'의 기저형은 /tsin/이고 자음 /ts/가 전설고모음 /i/ 앞에서 구개음화하여 [tɕin]으로 실현된다고 보는 것이다. 또 중국어 '去 qù'의 기저형은 /tsʰy/이고 자음 /tsʰ/가 전설고모음 /y/ 앞에서 구개음화하여 [tɕʰy]로 실현된다고 보는 것이다. 그리고 중국어 '香 xiāng'의 기저형은 /siaŋ/이고 자음 /s/가 운두 자리에 오는 전설고모음 /i/, 즉 전설고활음 [j] 앞에서 구개음화하여 [ɕjaŋ]으로 실현된다고 보는 것이다. 이와 같은 구개음화 현상을 규칙으로 제시하면 다음과 같다.

○ 규칙7

[+coronal, +anterior, +strident] → [-back, +high] / __ [-back, +high]vocoids

또는 /ts, tsʰ, s/ → [tɕ, tɕʰ, ɕ] / __ [i, j, y, ɥ]

그러나 이러한 입장은 기저형이 /k, kʰ, x/일 수도 있는데 /ts, tsʰ, s/로 상정하는 이유를 명확하게 설명해 줄 수 없다. 실제 현대 중국어 경구개음 /tɕ, tɕʰ, ɕ/에는 근대음의 /ts, tsʰ, s/ 계열뿐만 아니라 /k, kʰ, x/ 계열로부터 온 것도 섞여 있다. 사실 앞서 예를 든 '今 jīn'은 원래 '見母', 즉 /k/ 계열에

---

84 **여기서 잠깐!** 현재 중국어 경구개음 /tɕ/, /tɕʰ/, /ɕ/는 『중원음운(中原音韻)』으로 대표되는 근대음 시기에는 출현하지 않았던 것으로 파악되어 근대음 자음과 현대음 자음의 가장 큰 차이점 중 하나로 언급된다.

서 변화되어 온 것이고, '去 qù' 역시 원래 '溪母', 즉 /kʰ/ 계열에서 변화되어 온 것이다. '香 xiāng' 역시 원래 '曉母', 즉 /x/ 계열에서 변화되어 온 것이다. 다만 많은 다른 언어들에서 일어나는 구개음화가 대체로 연구개음이 전설고모음류를 만나서 경구개음화되는 것보다 치경음이나 치음이 경구개음화되는 경우가 보편적이라는 점에서 기저형을 /ts, tsʰ, s/로 상정하는 기반을 마련할 수는 있다. 그러나 중국어의 이와 같은 구개음화는 역사적인 변천 과정에서 일어난 통시적인 음운 변화로서 현대에는 이미 해당 음성 변이가 완성된 것으로 보는 것이 합리적일 것이다. 따라서 /tɕ, tɕʰ, ɕ/는 현대 표준 중국어에서 자음 음소로서의 지위가 부여되는 것이 더욱 타당할 것이다.

② 축약

음운 축약은 두 개의 음성이 하나로 합쳐지거나 두 개의 음절이 하나의 음절로 변하는 현상을 일컫는 말로서 한국어 예로는 흔히 'ㄱ, ㄷ, ㅂ'이 'ㅎ'과 함께 출현할 때 'ㅋ, ㅌ, ㅍ'이 되는 현상을 들 수 있다. 축약의 핵심은 그것이 자음이든 모음이든 음절이든 줄어든다는 것에 있다. 이러한 점에서 중국어 축약 현상의 대표는 흔히 '얼화'라고 일컫는 권설음화를 들 수 있다.[85] 권설음화는 어말에 접미사 '儿'이 붙지만 음운적으로 해당 접미사를 독립적인 음절로 발음하는 것이 아니라 선행음절과 함께 발음하여 하나의 음절로 발음하기 때문에 음운 축약에 속하게 된다. 이때 예외 없이 모두 운미를 권설음으로 발음하므로 이 현상을 권설음화라고 일컫는다. 예를 들면 중국

---

85 **여기서 잠깐!** '얼화'라는 용어는 중국어 '儿化'의 발음을 한국어로 적은 것이고, 연구에 따라서는 '아화'라는 용어를 쓰는 경우가 있는데 이는 한국식 한자로 '兒化'라고 쓰고 한국식 한자음으로 읽는 것이다. 모두 동일한 축약 현상을 일컫는 내용인데 본 장에서는 이 현상의 핵심인 운미가 권설음으로 발음된다는 것에 중점을 두어 권설음화라는 용어를 사용하기로 한다.

어 '花儿'는 [xwa.ɚ]과 같이 2음절로 발음하는 것이 아니라 [xwaɚ]와 같이 1음절로 발음한다. 앞에서도 언급한 바 있지만 중국어는 대체로 글자수와 음절수가 일치하지만 이처럼 권설음화가 이루어지는 경우는 글자수보다 음절수가 한 개 적게 된다. 왜냐하면 글자로는 '儿'이 첨가되지만 음운은 기존에 있던 음절에 모음의 권설음화만 진행되기 때문이다.

권설음화는 화자에 따라 상당히 다양하게 실현되는 것으로 알려져 있다. 그럼에도 불구하고 모어 화자 간 의사소통의 문제가 생기지 않는 것은 세세한 발음에는 차이가 있을지라도 기본적으로 축약하는 방식 자체에는 규칙이 존재하기 때문이다.[86] 따라서 여기서는 이러한 규칙들을 나름대로 정리하여 제시해 보고자 한다.

첫째, 운모가 [a], [o], [ɤ], [u]로 끝나면 운복만 권설음화하여 발음한다. 예를 들어 중국어 '菜马儿 càimǎr', '大拨儿 dàbōr', '乐儿 lèr', '兔儿 tùr' 등은 각각 [tsʰai.maɚ], [ta.poɚ], [lɚ], [tʰuɚ]로 실현되어 전자의 예 두 개는 세 글자지만 2음절로, 후자의 예 두 개는 두 글자지만 1음절로 발음된다.

둘째, 운모가 [i]나 [y]로만 이루어진 단운모일 때에는 [ɚ]을 첨가하여 하나의 음절로 발음한다. 예를 들어 중국어 '皮儿 pír'나 '曲儿 qǔr'는 각각 [pjɚ]와 [tɕʰyɚ]로 실현되어 원래 있던 음절의 운복이 활음인 운두로 빠르게 발음된다. 예는 모두 두 글자지만 역시 모두 1음절로 발음된다.

셋째, 운모가 [ɿ]나 [ʅ]로만 이루어진 단운모일 때에는 [ɿ]나 [ʅ]를 탈락시

---

86 **여기서 잠깐!** 물론 권설음화를 즐겨하는 북경 토박이의 말을 권설음화를 즐겨하지 않는 남부 지방 화자가 잘 알아듣지 못하는 일은 흔하게 발생할 수 있다. 이는 권설음화 자체가 익숙하지 않아서 이뿐 권설음화가 화자 개별적으로 매우 다른 발음으로 실현되기 때문은 아니다.

키고 [ɚ]를 첨가하여 운모 전체를 [ɚ]로 발음한다. 예를 들어 중국어 '侄儿 zhír'나 '丝儿 sīr'는 각각 [tʂɚ]와 [sɚ]로 실현되어 모두 1음절로 발음한다. 축약을 위해 원래 주어졌던 분절음 중에 특정 분절음이 탈락한 후 축약되는 경우는 흔하게 발생하는 일이다.

넷째, 운복이 [e]나 [ɛ]일 때에는 운두만 남기고 운복을 탈락시킨 후 [ɚ]을 첨가하여 발음한다. 예를 들어 중국어 '眼泪儿 yǎnlèir', '碟儿 diér', '雀儿 quèr'는 각각 [jɛn.lɚ], [tjɚ], [tɕʰɥɚ]로 실현되어 2음절과 1음절로 발음한다. 운복이 [e]인 음절에는 운두가 없기 때문에 해당 음절의 운모 전체가 [ɚ]로 발음되고, 운복이 [ɛ]인 음절에는 전설고모음 운두가 있기 때문에 해당 음절의 운모는 활음으로 실현되는 운두를 포함하여 운복이 [jɚ] 혹은 [ɥɚ]로 발음된다.

다섯째, 운미가 [i], [n], [ŋ]일 때에는 운미를 탈락시키고 운복을 권설음화하여 발음한다. 예를 들어 중국어 '孩儿 hái r'는 운미 [i]를 탈락시키고 운복을 권설음화하여 [xaʴ]로 실현된다. 또 '伴儿 bànr'는 운미 [n]를 탈락시키고 운복을 권설음화하여 [paʴ]로 실현된다. 끝으로 '小风儿 xiǎofēngr'는 운미 [ŋ]을 탈락시킨 후 운복을 권설음화하여 [ɕjau.fɚ]로 실현된다. 단, 이때 운모가 [in]이나 [yn], 혹은 [iŋ]일 때에는 운미를 탈락시킨 후 운복에 [ɚ]를 첨가시켜 발음한다. 예를 들어 중국어 '今儿 jīnr', '抱裙儿 bàoqunr', '花瓶儿 huāpíngr'는 각각 [tɕjɚ], [pau.tɕʰɥɚ], [xwa.pʰjɚ]로 실현되어 운미만 탈락되고 운복에 [ɚ]가 첨가되어 발음된다. 이때 원래의 운복은 활음으로 빠르게 발음되며 운두로 실현되기 때문에 해당 음절들은 각각 1음절과 2음절로 발음된다. 운미에 비음이 오는 경우에 한 가지 덧붙여 언급하자면 [ŋ]이 탈락할 때에는 강한 비음성이 모음의 비음화로 흔적을 남기기 때문에 '小风儿 xiǎofēngr'와 '花瓶儿 huāpíngr'의 경우는 [ɕjau.fɚ̃]와 [xwa.pʰjɚ̃]

처럼 모음을 비음화하여 발음한다.

권설음화 외에도 개별적인 어기조사에서 음운 축약이 일어나기도 한다. 예를 들어 어기조사 '啦 la'는 '了 le'와 '啊 a'가 축약하여 하나의 음절로 발음되는 것으로서 형태적으로도 해당 음절에 속하는 한자가 존재하는 경우라고 할 수 있다.

③ 첨가

첨가는 음성 변이가 일어날 때 원래는 없던 새로운 분절음이 삽입되는 현상을 일컫는다. 따라서 첨가는 음운 삽입과 긴밀한 관련을 맺는다. 한국어의 첨가 현상으로는 'ㄴ' 첨가 현상을 대표적으로 들 수 있는데 예를 들어 한국어 '솜이불'은 [솜니불]로 발음이 되며 원래 존재하지 않았던 [ㄴ]이 삽입된 것을 볼 수 있다. 중국어의 대표적인 첨가 현상으로 '啊' 음성 변이 현상을 들 수 있다. 어기조사 '啊'는 문미에 출현하며 문장의 어기를 표현하는데 선행하는 음절의 마지막 모음에 따라 다르게 발음된다. 2000년을 전후로 출판된 권위 있는 음운학 서적들에서는 '啊' 음성 변이를 부자유 음변과 자유 음변으로 나누어 소개하고 있다. 이들 논의의 대부분은 林燾·王理嘉(1992;2007)의 제시를 그대로 따르고 있으므로 본서에서도 아래 표로 소개해 보도록 하겠다.

[표 33] 중국어 '啊' 음성 변이

선행음절 운모 혹은 운미	'啊' 음변	예
부자유 음변		
[-a, -i, -y]	[a → ia]	他呀, 你呀, 去呀
[-n]	[a → na]	看哪
자유 음변		
[-o, -ɤ, -ɛ]	[a → ia]	说呀, 喝呀, 写呀(啊)
[-u]	[a → ua]	哭哇(啊)
[-ʐ]	[a → za]	字啊
[-ɻ]	[a → ra]	纸啊
[-ŋ]	[a → ŋa]	听啊

위 표를 이해하기 전에 먼저 이형태라는 개념을 이해해야 할 것이다. 변이음, 혹은 이음소는 동일한 음소가 주어진 음절 환경에 따라 다르게 실현되는 음성을 가리키는 개념이라면 이형태는 동일한 형태소가 주어진 음절 환경에 따라 음운 규칙의 영향을 받아 다른 음성 형식으로 실현되는 것을 가리키는 개념이다. 즉 변이음이 음소의 여러 가지 음성적 실현이라면 이형태는 형태소의 여러 가지 음성적 실현이라고 하겠다. 많은 사람들에게 익숙한 예로 영어의 복수형 형태소는 그것이 출현하는 음절 환경에 따라 [z, əz, s] 세 가지의 이형태로 실현된다. 복수형 형태소가 출현하는 어말 위치에서 바로 앞에 선행하는 음성이 [+voiced] 자질을 가지면 [z]로, [+sibilant]의 자질을 가지면 [əz]로,[87] [-voiced]의 자질을 가지면 [s]로 실현되는 것이다. 이와 같은 개념을 중국어 '啊' 음성 변이에 적용시켜 보면 어기조사 '啊' /a/라는 형태소는 선행음절 말음에 따라 다양한 이형태 [a], [ia],

---

87 **여기서 잠깐!** [əz]로 실현되는 것은 선행음절 말음이 치찰음일 때 중간에 [ə]를 삽입하여 유사한 두 음성을 구분해주려는 이화 현상의 일종으로 이해할 수 있다.

[na], [ua], [za], [ra], [ŋa] 등으로 실현된다는 것을 알 수 있다.

먼저 위 표를 보면 어기조사 '啊'는 선행음절 말음이 [-a, -i, -y]일 때에는 [ia]라는 이형태로 실현되며 이와 같이 [i]가 첨가된 음성 형식을 반영하는 서사 형식 '呀'가 존재한다.[88] 그리고 그 예로 '他呀, 你呀, 去呀' 등이 있다. 또 선행음절 말음이 [-n]일 때에는 [na]로 발음되며 이와 같이 [n]가 첨가된 음성 형식을 반영하는 서사 형식 '哪'가 존재한다.[89] 그리고 그 예로 '看哪' 등이 있다. 이상 두 가지 음변은 부자유 음변이므로 해당 음절 환경이 주어지면 발화 환경에 상관없이 반드시 [ia]나 [na]로 발음해야 하며 서사 형식도 차례로 '呀'와 '哪'를 써야 한다.

다음 자유 음변으로 발화되는 예로는 먼저 선행음절 말음이 [-u, -ɤ, -ɛ]일 때를 들 수 있다. 이때는 [a]로 발음해도 되고 [i]가 첨가된 [ia]로 발음해도 된다. 따라서 서사 형식도 '啊'를 써도 되고 '呀'를 써도 된다. 해당하는 음변의 예로는 '说呀(啊), 喝呀(啊), 写呀(啊)' 등을 들 수 있다. 또 선행음절 말음이 [u]일 때에는 [a]로 발음해도 되고 [u]가 첨가된 [ua]로 발음해도 된다. 따라서 서사 형식도 '啊'를 써도 되고 '哇'를 써도 되며[90] 예로는 '哭哇(啊)'를 들 수 있다. 끝으로 선행음절 말음이 [ɿ, ʅ, ŋ]일 때는 모두 [a]로 발음해도 되고 차례로 [za], [ra], [ŋa]로 발음해도 된다. 이 경우는 음변을 반영하는 서사 형식이 존재하지 않으므로 모두 '啊'로만 쓸 수 있고 발음상으로만 이형태가 실현된다.

---

88 **여기서 잠깐!** 이때 삽입되는 [i]는 음절에서 운두, 즉 활음 [j]로 실현되어 실제로는 [ja]로 발음된다.

89 **여기서 잠깐!** 어떤 연구들은 '看哪'를 연음 현상이라고도 하는데 이는 잘못된 분석이다. 주어진 예는 [kʰan.na]로 실현되지 [kʰa.na]로 실현되는 것이 아니기 때문에 [n] 첨가 혹은 삽입 현상이지 선행음절 말음이 후행음절 두음으로 재음절화되는 연음 현상이 아니다.

90 **여기서 잠깐!** 이때 삽입되는 [u]는 음절에서 운두, 즉 활음 [w]로 실현되어 실제로는 [wa]로 발음된다.

'啊' 음성 변이가 중국어의 대표적인 음운 첨가 현상임은 의심의 여지가 없다. 그러나 필자가 연구한 바에 따르면 현재 중국에서 실현되는 '啊' 음성 변이는 모두 자유 음변인 것으로 파악된다. 일례로 선행음절 말음이 [-n]이 더라도 '看啊', '看哪', '看呀' 모두가 발화되고 있는 실정이기 때문이다. 또 자유 음변인 선행음절 말음이 [-ŋ]인 경우도 '好啊', '好哇', '好呀' 등으로 일상 발화 중에 다양하게 발생하기 때문이다. 전체적으로 선행음절 말음에 상관없이 선행음절 말음이 [-ŋ]인 경우를 제외하면 '呀'가 자주 사용되는 것을 볼 수 있다. 성별을 기준으로 보면 여성이 남성보다 음성 변이를 더 선호하는 것으로 보이고, 연령을 기준으로 보면 연령이 높을수록 음성 변이를 더 선호하는 것으로 파악된다. 지역을 기준으로 보면 관화(官話) 지역에서는 '啊'와 '呀'의 선호도가 비슷하게 나타나지만 중부 지역에서는 상대적으로 '呀'의 선호도가 높게 나타나는 반면 남부 지역에서는 '啊'의 선호도가 뚜렷하게 높고 음변이 반영된 다른 이형태의 사용이 매우 적은 것으로 파악된다. 특히 '哇'의 경우는 지역에 따라 이제 더 이상 사용하지 않는 지역이 존재하는 반면 여전히 선호도 높게 사용되는 지역도 있어 어기조사 '啊'의 사용 양상은 전체적으로 일관되지 않은 복잡한 상황임을 알 수 있다.[91]

(2) 중국어의 성조 변화

말소리가 연이어지며 발화되는 인간 언어의 특성 상 조음과 지각의 편의를 위해 음성 변이가 발생하는 것은 자연스러운 일이다. 때로는 조음의 편의를 위해 동화가 일어나기도 하지만 지각의 편의를 위해 이화가 발생하

---

91 **여기서 잠깐!** 어기조사 '啊'는 역사적인 변천 과정에서 다른 이형태들과의 상호 작용이 매우 복잡하게 얽혀 있다. 이러한 상황에 대해서는 王玥路·金兌垠(2023)의 일련의 연구들에서 대략적인 양상을 파악해 볼 수 있다.

기도 한다. 초분절 성분인 중국어의 성조는 다양한 발화 상황 속에서 분절음인 자음이나 모음에 비해 더욱 빈번하게 변화를 일으키는데 보통 이화 현상의 일환으로 발생하는 경우가 많다. 그 대표적인 것이 제3성의 연독변조인데 그 외에도 '一'나 '不'에서도 이화로 인한 변조가 발생한다. 그리고 이런 변조들은 반드시 실현되어야 하는 부자유 음변인 경우가 대부분이다. 또 경성은 선행음절 말음이 어떤 성조인가에 따라 그 음높이를 달리하는데 이는 경성 음절이 전형적인 비강세 음절이기 때문이다. 따라서 여기서는 몇 가지 부자유 음변으로 발생하는 중국어의 성조 변화와 자유 음변으로 발생하는 비강세 음절 경성과 관련된 성조 변화로 나누어 논의를 이어가도록 하겠다.

① 제3성의 연독변조

연독변조가 일어난다는 것은 적어도 두 개 이상의 성조가 연이어질 때 변조가 발생한다는 것을 의미하므로 먼저 연독변조의 가장 작은 운율 단위인 2음절어의 연독변조에 대해 소개하도록 하겠다. 2음절어에서 일어나는 제3성의 연독변조는 이미 초급 중국어를 학습할 때에 소개될 만큼 잘 알려진 변조 현상이다. 다음은 제1~4성까지 2음절어에서 조합될 수 있는 중국어 성조의 연독 상황을 음높이 곡선으로 나타낸 것이다.

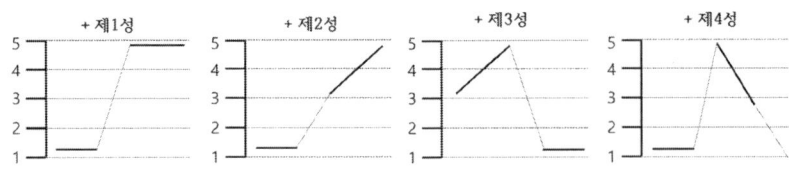

[그림 38] 2음절에 출현하는 중국어 제3성의 음높이

6장에서 언급한 바 있듯 중국어의 제3성은 대부분의 발화 상황에서 음높이의 후미 상승이 이루어지지 않는 반삼성으로 실현된다. 따라서 위 그림에

서 제3성은 선행할 때에든지 후행할 때에든지 그 실현이 반삼성으로 이루어지는 것을 볼 수 있다. 제3성의 조소적인 조치를 /214/로 보고 표면적으로 실현되는 반삼성의 조치를 [21]과 같은 저조로 본다면 이는 후미 상승의 탈락, 즉 짧아진다는 의미에서 축약 현상으로 볼 수 있다. 상술한 축약 현상은 아래와 같은 규칙으로 제시될 수 있다.

○ 규칙1
  /214/ → [21] / __ 모든 성조

또 위 그림에서 굵은 선으로 표시된 부분을 자세히 들여다보면 제3성이 연이어질 때에는 앞에 출현하는 제3성이 제2성으로 변조되는 것을 볼 수 있다. 이는 동일한 성조가 연이어지면서 앞에 위치한 성조가 다른 성조로 변화하는 현상이므로 이화 현상의 일환으로 볼 수 있다. 이와 같은 이화 현상을 규칙으로 제시하면 아래와 같다.

○ 규칙2
  [21] → [35] / __ /214/

위와 같은 제3성의 2음절어 연독변조는 규칙1과 규칙2가 차례대로 적용될 때 올바른 표면형을 얻을 수 있는 내재적 규칙 순서이다. 규칙2만 설정하게 되면 제3성이 2음절어 이상에서 실제로 반삼성으로 실현되는 모든 상황을 다 아우를 수 없다. 따라서 규칙1과 규칙2를 설정하고 차례로 적용시킬 때 제3성이 출현하는 모든 상황을 일관되게 규칙화하여 제시할 수 있다. 중국어 '很好 hěnhǎo'를 예로 들어 제3성의 2음절어 연독변조를 가시화시켜 보면 아래 그림과 같다.

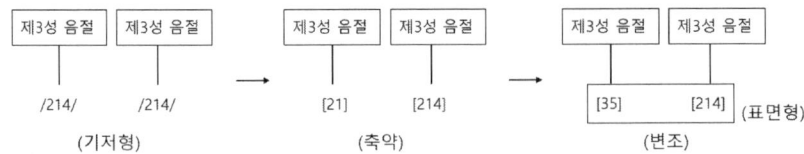

[그림 39] 제3성이 연이어지는 2음절어의 연독변조

위 그림을 보면 기저형 /214/+/214/는 규칙1의 축약이 발생하여 중간형 [21]+[214]가 생성되고, 다시 규칙2의 변조가 발생하여 표면형 [35]+[214]가 실현되게 된다.

사실 2음절에서 발생하는 제3성의 연독변조는 중국어 모어 화자와의 일상생활 대화에서 비교적 매우 명확하게 지각된다. 외국인 학습자로서 더욱 어렵게 느껴지는 것은 제3성이 3음절 이상에서 연이어질 때 어떻게 성조를 실현하는 것이 자연스러운 중국어 발화인가이다. 이 문제는 중국어 모어 화자일지라도 모어로서 습득하여 무의식적으로 연독변조를 발화하고 있기 때문에 외국인 학습자가 원하는 정확히 몇 성이 이어진다라는 답을 명확하게 제시하기가 쉽지 않다. 3음절 이상에서는 더욱 복잡한 변조로 실현되기 때문인데 이는 더 많은 운율적, 통사적 요소들이 변조에 관여하기 때문이다. 이에 본서에서는 합리적인 분석 방법 중 하나라고 생각하는 Lin(2007)에서 제시한 복합어와 구에서의 제3성의 연독변조에 대해 소개해 보고자 한다.[92]

먼저 중국어 문장 혹은 구라고 할 수 있는 '米老鼠好 mǐ lǎoshǔ hǎo'와 '狗咬老鼠 gǒu yǎo lǎoshǔ'를 발음해 보자.[93] 전자는 [T3 T2 T2 T3]으로, 후자는 [T2 T3 T2 T3]으로 발음하는 경우가 많을 것이다. 두 가지 예 모두

---

92 **여기서 잠깐!** 이 부분은 Lin(2007)이 Chapter9에서 논의한 내용을 필자가 이해한 것을 바탕으로 필요한 부분을 재구성하여 제시한 것이다.
93 **여기서 잠깐!** 편의를 위해 여기서는 T(tone)로 성조를 대신하고 숫자로 제1-4성까지를 표시하도록 하겠다.

기저형은 제3성이 연이어진 /T3 T3 T3/인데 왜 서로 다른 표면형으로 실현되는 것일까? Lin(2007)의 논의를 이해하기 위해서는 음보(foot)라는 운율적 개념을 먼저 이해해야 한다. 음보란, 돋들리는 음절이 그렇지 못한 음절과 함께 구성하는 리듬의 기본적인 단위로서 강세 언어에서는 강세가 있는 음절이 돋들리는 음절이 되어 돋들리지 않는 비강세 음절과 함께 하나의 음보를 구성한다. 예를 들어 영어의 'census'와 'fifteen'은 모두 2음절 단어로서 각각 1음절과 2음절에 강세를 가진다. 다만 전자의 경우 하나의 음보를 구성하고 후자의 경우 두 개의 음보를 구성한다. 이는 후자의 첫 번째 음절 'fif'가 제2강세(secondary stress)를 가지면서 그 자체로 하나의 음보를 구성하는 반면 전자의 두 번째 음절 'sus'는 그렇지 못하기 때문에 독립적인 음보를 형성하지 못하기 때문이다. 또 다른 3음절 영어 단어의 예 'magazine'도 두 개의 음보를 구성한다. 1, 2음절의 'maga'가 하나의 음보를 구성하고 제1강세를 가지는 'zine'이 또 하나의 음보를 구성하기 때문이다. 이렇게 강세나 돋들리는 음절이 그렇지 못한 음절과 함께 만들어 내는 리듬의 단위가 바로 음보인 것이다. 이해를 돕기 위해 세 영어 단어의 음보 구성을 그림으로 제시하면 아래와 같다.[94]

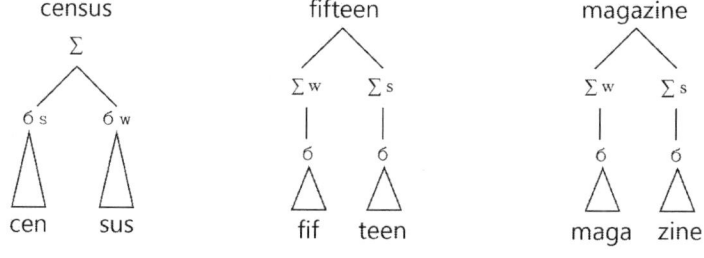

[그림 40] 영어 단어의 음보 구성

---

94 **여기서 잠깐!** 'Σ'는 음보를, 'σ'는 음절을 나타내는 기호이며, 's'는 'strong'의 약자로 강음절을 나타내고 'w'는 'weak'의 약자로 약음절을 의미한다.

중국어는 음보 구성에 있어 기본적으로 2음절을 선호하며 좌측 부각형 음보를 구성하는 언어로서 이와 같은 2음절 음보 구성이 중국어 제3성 변조의 기본적인 범위를 설정한다. 이에 4음절로 구성된 단어나 구는 기본적으로 두 개의 2음절 음보로 나누어지는데 이때 음보화 되지 않는 단독 음절은 인접한 음보와 함께 더 큰 운율 단위를 이루게 된다. 이런 경우는 통합이라고 지칭하기로 하자. 그럼 먼저 제3성이 3음절에서 '九九九 jiŭ jiŭ jiŭ'와 같이 연이어진다고 가정해 보면 기저형은 /T3 T3 T3/이 된다. 이때 선행하는 2음절이 하나의 음보를 형성하고 남은 하나의 음절은 앞선 음보와 함께 더 큰 운율 단위를 이루며 통합되어 표면형 [T2 T2 T3]이 실현된다. 조금 더 자세히 설명해 보면, 먼저 좌측 2음절에서 형성된 음보에서 변조가 먼저 발생하게 되어 중간형 [(T2 T3) T3]이 생겨나고 다시 남은 1음절이 통합되면서 인접한 선행음절 T3와 함께 다시 변조를 일으켜 결국 표면형 [T2 T2 T3]이 실현된다. 그렇다면 이제 4음절에서 연속해서 출현할 때에는 어떻게 변조가 형성되는지 아래 그림으로 먼저 살펴보자!

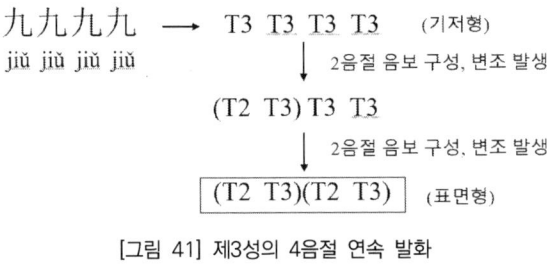

[그림 41] 제3성의 4음절 연속 발화

위 그림을 보면 먼저 좌측 2음절에서 형성된 음보에서 변조가 발생하여 중간형 [(T2 T3) T3 T3]이 생겨나고 다시 남은 2음절 역시 [(T2 T3)(T2 T3)]과 같이 또 다른 음보를 형성하면서 변조가 발생하므로 최종적으로 표면형 [T2 T3 T2 T3]이 실현된다. 마지막으로 5음절에서의 변조 상황도

한 번 더 살펴보기로 하자!

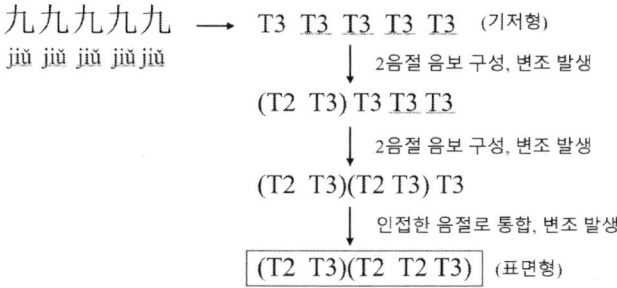

[그림 42] 제3성의 5음절 연속 발화

위 그림을 보면 먼저 좌측 2음절에서 형성된 음보에서 변조가 발생하여 중간형 [(T2 T3) T3 T3 T3]이 생겨나고, 다시 남은 3음절 중 좌측 2음절이 또 다른 음보를 형성하면서 두 번째 중간형 [(T2 T3)(T2 T3) T3]이 생겨난다. 그리고 끝으로 남은 1음절은 인접한 음보로 통합되며 더 큰 운율 단위를 형성하는데 이때 [(T2 T3)(T2 T2 T3)]과 같이 선행하는 음절의 T3과 변조를 일으켜 최종적으로 표면형 [T2 T3 T2 T2 T3]이 실현된다.

지금까지의 논의를 바탕으로 하면 제3성 연독변조의 기본적인 운율 범위를 제공하는 음보 구성은 첫째, 왼쪽에서 오른쪽으로 2음절씩 음보를 구성한다. 둘째, 음보화하지 않은 음절은 인접한 음보로 통합된다는 것을 알 수 있다. 그럼 이제 앞서 질문을 던졌던 두 가지 예, '米老鼠好'와 '狗咬老鼠'의 음보를 분석해 변조 상황을 살펴보기로 하겠다. 두 예 모두 4음절어이므로 표면형은 [그림 41]과 같이 [T2 T3 T2 T3]으로 실현되어야 할 것이다. 그러나 이는 후자의 예에는 올바른 표면형을 도출할 수 있지만 전자의 예에 적용시키면 올바른 표면형을 도출할 수가 없다. 여기서 중국어 음보 구성에는 운율적인 요소만이 아닌 형태, 통사적인 요소들의 역할이 있다는 것을 알 수 있다. 앞서 소개한 '九'의 연속발화에는 아무런 의미도 담겨있지 않지만 '米老鼠好'와 '狗咬老鼠'는 서로 다른 형태, 통사적인 구조를 기반으로 형성된 구이자 문장이다. 따라서 음보 구성에는 가장 작은 형태, 통사 범위인 단어 층위부터 살핀 후에 점차 더 큰 단위인 구와 문장으로 차례로 확대하며 운율 범위를 살펴야 한다. 다음은 '米老鼠好 mǐ lǎoshǔ hǎo'가 음보를 구성하며 변조를 일으키는 상황을 그림으로 나타낸 것이다.

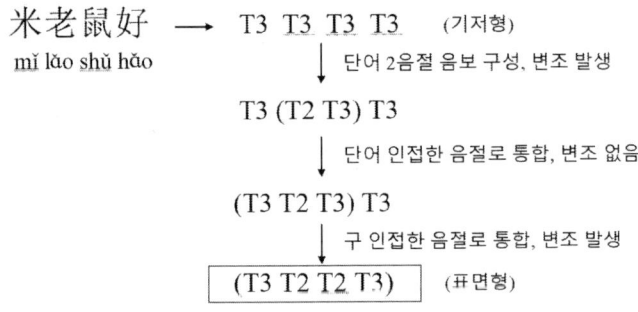

[그림 43] '米老鼠好 mǐ lǎoshǔ hǎo'의 음보 구성과 변조

위 그림을 보면 음보는 먼저 단어인 '老鼠 lǎoshǔ'에서 형성되어 중간형 [T3 (T2 T3) T3]이 만들어진다. 그런 다음 단어 층위에서 그 다음 단계인 '米老鼠 mǐ lǎoshǔ'를 살펴보면 음보화를 하지 않은 좌측 1음절이 우측 음보와 통합되어 더 큰 운율 단위를 형성하며 두 번째 중간형 [(T3 T2 T3) T3]을 생성한다. 그러나 이때는 변조가 발생하지 않는다. 그리고 더 이상 단어 층위에서 살펴볼 형태, 통사 단위가 존재하지 않으므로 그 다음 단계인 구 단위에서 살펴 보면 마지막으로 남은 우측의 1음절이 좌측의 운율 단위와 통합하게 된다. 이때는 선행음절 T3와 변조를 형성하게 되며 결국 표면형 [T3 T2 T2 T3]이 실현되게 된다.

이제 또 다른 예 '狗咬老鼠 gǒu yǎo lǎoshǔ'의 변조를 분석해 보자!

```
狗咬老鼠    →   T3  T3  T3  T3      (기저형)
gǒu yǎo lǎo shǔ
                ↓ 단어 2음절 음보 구성, 변조 발생

            T3 T3 (T2 T3)
                ↓ 구 2음절 음보 구성, 변조 발생

            (T2 T3)(T2 T3)          (표면형)
```

[그림 44] '狗咬老鼠 gǒu yǎo lǎoshǔ'의 음보 구성과 변조

먼저 단어 층위에서 2음절 음보를 구성하는지 살펴보면 역시 '老鼠 lǎoshǔ'가 먼저 2음절 음보를 구성하게 되고 변조가 발생하여 중간형 [T3 T3 (T2 T3)]이 만들어진다. 더 이상 2음절로 구성될 단어가 존재하지 않기 때문에 좌측부터 차례로 음보를 구성하면 되는데, 이때 마침 좌측으로 2음절이 존재하므로 그들끼리 또 하나의 음보를 형성하게 되며 그때에도 변조가 발생하게 된다. 따라서 [(T2 T3)(T2 T3)]이 형성되어 최종적으로 표면형 [T2 T3 T2 T3]이 생겨나게 된다. 이러한 표면형은 형태, 통사적인 요소를 고려하지 않았던 [그림 41]과 동일한 표면형으로 나타나지만 음보가 구성되고 변조가 이루어지는 과정에는 차이가 존재한다. 바꾸어 말하면, 서로 다른 형태, 통사 구조를 지닌 구나 문장일지라도 표면형은 동일한 변조 형식으로 나타날 수 있다. 즉 중국어 음보 구성에 형태, 통사적인 정보가 필요하지만 변조가 적용되는 운율 범위가 반드시 형태, 통사 범위와 일치하는 것은 아니다.

그렇다면 끝으로 2음절 이상의 단어가 포함되지 않은, 구로만 구성된 문장이 있다면 어떻게 분석될 것인지 '我想买笔 wǒ xiǎng mǎi bǐ'의 예를 통해 설명하도록 하겠다. 먼저 다음 그림을 보자!

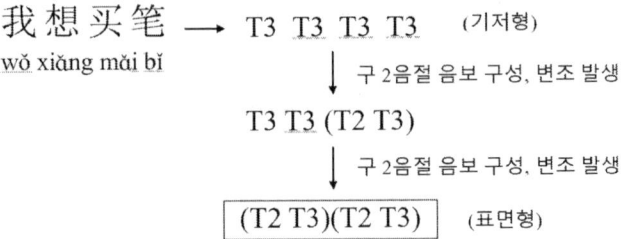

[그림 45] '我想买笔 wǒ xiǎng mǎi bǐ'의 음보 구성과 변조

    위 그림을 보면 주어진 예에는 단어가 존재하지 않으므로 가장 작은 구 단위인 '买笔 mǎi bǐ'에서 먼저 2음절 음보가 형성되어 중간형 [T3 T3 (T2 T3)]이 만들어지고 이때 변조가 발생한다. 그리고 남은 음절은 좌측부터 차례로 음보를 형성하게 되는데 마침 남은 두 개의 음절이 또 다른 하나의 음보를 형성하게 되고 변조도 발생하게 되어 [(T2 T3)(T2 T3)]이 만들어지며 최종적으로 표면형 [T2 T3 T2 T3]이 실현된다. 그러나 만약 이 문장의 발화가 일반 속도보다 빠르게 진행되는 상황이 발생한다면 좌측 앞에서부터 차례로 변조가 적용되어 중간형 [(T2 T3) T3 T3], [(T2 T2 T3) T3]을 거쳐 표면형이 [T2 T2 T2 T3]으로 실현될 수 있다. 따라서 이와 같은

변조의 상황은 발화 상황에 따라 선택적으로 이루어질 수 있다. 그러나 적어도 주어진 예가 [그림 43]과 같이 'T3 T2 T2 T3]으로 실현될 수는 없다.

지금까지 소개한 Lin(2007)에 제시된 복합어와 구에서의 제3성 연독변조에 대한 논의는 분명 중국어 제3성의 연독변조를 합리적으로 설명하는 좋은 방법 중의 하나이다. 그러나 만약 어떤 중국어 모어 화자가 자신은 이렇게 분석한 방법과 다른 방식의 변조를 한다고 반론을 제기한다고 해도 그것이 크게 문제될 것은 없다. 언어학의 규칙이라는 것은 존재하는 현상을 귀납하여 가장 일관된 설명으로 모어 화자 머릿속의 언어적 지식을 밝히려는 것에 목적이 있다. 따라서 예외 없이 모든 현상을 다 설명하는 것은 사실상 불가능하다. 말의 사용이 먼저고 규칙의 귀납은 나중이므로 규칙과 어긋나는 발화가 존재한다고 해서 그 발화자의 말이 틀렸다고 할 수 없기 때문이다. 게다가 성조와 같은 초분절음의 변이는 상당히 빈번하게 발화 상황에 따라 발생할 수 있다. 심지어 말의 속도에도 크게 영향을 받아 빠른 발화 속에서 위에서 설명한 연독변조의 규칙은 모두 무용지물이 될 수 있다. 중국어는 분명한 단어 강세가 있다고 단정짓기에 무리가 있는 언어이고 그러다 보니 돋들리는 음절에 대한 판단도 경성이 포함된 2음절어가 아닌 경우 그 판단 자체도 모어 화자마다 다를 수 있다. 그럼에도 불구하고 중국어에 2음절을 선호하는 특정한 음보 구조가 존재한다는 것은 많은 연구자들이 동의하는 견해이다.[95]

---

95 **여기서 잠깐!** 중국어가 2음절 음보를 선호하는 언어라는 강력한 증거 중 하나로 의미 없는 음절을 반복해 만들어지는 2음절 단어를 들 수 있다. 흔한 예로, '爸爸 bàba', '妈妈 māma', '哥哥 gēge', '姐姐 jiějie', '弟弟 dìdi', '妹妹 mèimei' 등은 사실 1음절만으로 얼마든지 그 의미 전달이 충분함에도 불구하고 굳이 동일한 음절을 반복하여 2음절 단어를 만들고 있다.

② '一'와 '不'의 연독변조

중국어의 연독변조를 소개할 때 역시 초급 교재부터 빠지지 않는 것이 '一 yī'와 '不 bù'의 연독변조이다.[96] 제3성의 연독변조는 한어병음 표기에 반영이 되지 않지만 이 두 경우는 변조가 발생하는 단어나 구에서 한어병음을 표기할 때 아예 변조를 반영해서 표기한다. 먼저 '一'의 본자조 혹은 단자조는 제1성이며 주로 연도, 날짜, 요일, 시간, 서수 등을 말할 때에나 단독 표기 혹은 어말에 위치할 때에는 본자조로 실현된다. 예를 들면 '一九九三年 yījiǔjiǔsānnián', '一月一号 yīyuèyīhào', '星期一 xīngqīyī', '十一点 shíyīdiǎn', '第一章 dìyīzhāng', '万一 wànyī' 등이 있다. 그러나 그 외의 상황에서는 후행하는 성조가 제1-3성일 때에는 제4성으로 변조되고, 제4성이거나 경성일 때에는 제2성으로 변조된다. 전자의 예에는 '一边儿 yìbiānr', '一头 yìtóu', '一起 yìqǐ' 등이 있고, 후자의 예는 '一路 yílù', '一个 yíge' 등이 있다. 이와 같은 변조 상황은 이래와 같이 차례로 규칙화하여 제시할 수 있다.

---

96 **여기서 잠깐!** 필자가 중국어를 처음 배우기 시작했던 1990년대 초반만 해도 이 두 가지 외에 '七 qī'와 '八 bā'도 '一'와 동일한 연독변조 현상이 있다고 배웠다. 만약 누군가 오래된 중국어 현대음운학 관련 서적이나 교재를 보게 된다면 '七'와 '八'의 연독변조도 볼 수 있을 가능성이 있다. 그러나 현재는 이 두 가지의 연독변조는 일어나지 않는 것으로 여겨져 이를 언급하는 서적이나 교재를 찾기 어렵다. 중국의 언어가 급변하고 있는 상황에서 이런 연독변조의 변화는 그리 놀라운 일이 아닐 수도 있다. 필자가 중국어를 알고 지낸 지난 30년 동안에 얼마나 많은 단어들의 성조가 중성화되어 경성으로 변화했는지만 보아도 이와 같은 사실들은 체감이 된다. 예를 들어 '朋友 péngyóu'는 '朋友 péngyou'가 되었고, '葡萄 pútáo'는 '葡萄 pútao'가 되었다. 심지어 '打的 dǎdī'에서 '的 dī'는 제1성이었지만 '的士 díshì'일 때 '的 dí'는 제2성이었는데 '打的'의 영향으로 '的士 dīshì'가 되었다. 필자가 여기서 간단히 든 예들은 이미 사전에 반영된 성조 변화이고 실제 구어에서는 더 많은 성조 변이들이 일어나고 있다. 표준발음과 현실발음이 차이가 나는 현상은 어느 언어에나 존재한다. 성조변이가 한시적으로, 혹은 개별적으로 일어나다가 사멸할 수도 있지만 점점 더 많은 언중(言衆)이 그 성조를 사용한다면 어느 시점에서는 이전 표준발음의 자리를 대신할 수도 있다.

○ 규칙1
/55/ → [51] / __ 모든 성조

○ 규칙2
[51] → [35] / __ T4, T0

'一路'를 예로 들어 위 규칙의 적용을 그림으로 제시하면 아래와 같다.

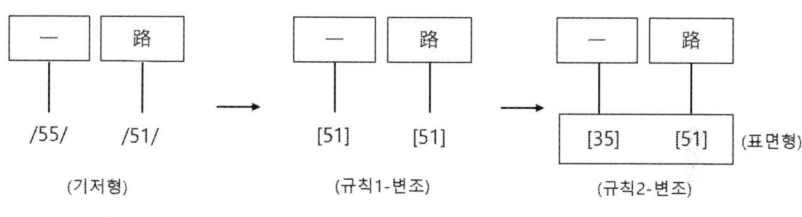

[그림 46] '一路'의 연독변조

위 그림을 보면 기저형 /55/+/51/은 규칙1의 적용을 받아 변조가 생성되어 중간형 [51]+[51]이 만들어지는데, 이때 후행하는 성조가 제4성이므로 다시 규칙2의 적용을 받아 변조가 발생하여 표면형 [35]+[51]이 실현되게 된다. 이 두 가지 규칙은 제시된 대로 차례로 적용되어야 할 내재적 규칙 적용에 해당하며 후행하는 성조가 제1-3성이면 자동적으로 규칙2의 적용을 받지 않게 되어 규칙1의 변조만 발생한 표면형이 실현된다. 또한 이러한 연독변조는 음절 환경 조건이 주어지면 반드시 발생하게 되는 부자유 음변이다.

다음 '不'의 연독변조는 후행하는 음절의 성조가 제4성일 때에만 발생하여 제2성으로 변조되고 그 외의 상황에서는 모두 원래의 성조인 제4성으로 실현된다. 변조의 예를 들면 '不用 búyòng'이나 '不但 búdàn' 등을 들 수 있으며 변조를 규칙화하여 제시하면 아래와 같다.

○ 규칙3
/51/ → [35] / __ /51/

그리고 '不用'을 예로 들어 위 규칙의 적용을 그림으로 제시하면 아래와 같다.

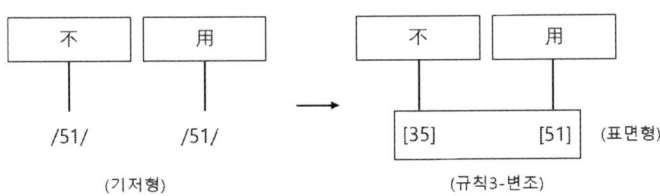

[그림 47] '不用'의 연독변조

위 그림을 보면 기저형 /51/+/51/은 규칙3의 적용을 받아 변조가 생성되어 표면형 [35]+[51]이 실현되며 이러한 변화는 음절 환경 조건이 주어지면 반드시 발생하는 부자유 음변에 속한다.

'一'와 '不' 변조에는 모두 제4성이 포함되어 있는데 일반적인 중국어 초급 교재에서는 소개되지 않지만 여러 음운학 연구들에서는 제4성의 축약 현상을 언급하기도 한다. 이는 제4성이 모든 성조 앞에서 /51/로 완전히 음높이가 하강하지 못하고 실제로는 [53]까지만 하강하고 후행 성조로 발화가 이어진다고 보는 것이다. 따라서 이 같은 경우는 제4성 발화 시 조형에서 후미 하강이 이루어지지 않는 것으로 간주하므로 축약이라고 할 수 있다. '一'와 '不'의 변조에서는 '一'가 규칙1의 적용을 받을 때 발생하고, '不'는 규칙3의 변조가 적용되지 않을 때에 발생한다. 제4성의 축약 현상을 규칙으로 제시하면 아래와 같다.

○ 규칙4

/51/ → [53] / __ 모든 성조

앞서 예를 들었던 '一起'를 예로 들어 변조와 축약을 적용시키면 아래와 같다.

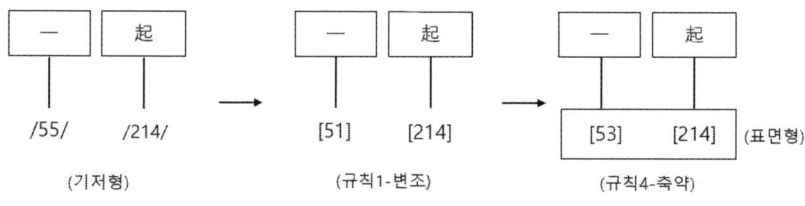

[그림 48] '一起'의 변조와 축약

위 그림을 보면 먼저 규칙1의 적용을 받아 기저형 /55/+/214/는 변조된 중간형 [51]+[214]가 만들어지고, 다시 규칙4의 적용을 받아 축약까지 이루어진 표면형 [53]+[214]가 실현된다.

다음은 변조가 포함되지 않은 경우 제4성의 축약이 일어나는 경우로서 '不如 bùrú'를 예로 들어 제시해 보겠다. 먼저 그림을 보자!

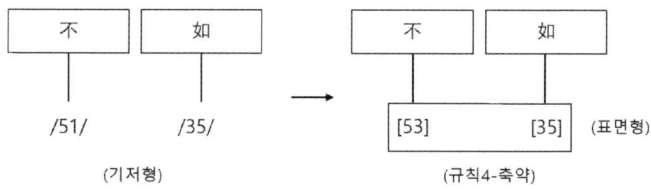

[그림 49] '不如'의 축약

위 그림을 보면 기저형 /51/+/35/가 규칙4의 적용을 받아 1음절의 제4성이 축약된 표면형 [53]+[35]로 실현된다.

9. 중국어의 음운 변화 157

③ 비강세 음절과 변조

앞서 언급한 바 있듯이 중국어에 단어 강세가 존재하는가에 대해서는 연구자마다 견해를 달리하여 통일된 분석이 존재하지 않는다.[97] 영어와 같이 강세 언어인 경우는 단어 'present'를 주고 어디에 강세가 있느냐고 모어 화자에게 물어보면 한 명도 틀리지 않고 올바른 대답을 할 것이다. 왜냐하면 강세에 따라 단어의 의미가 달라지기 때문이다.[98] 반면 한국어나 중국어 단어에서 강세가 주어지는 음절을 묻는다면 모어 화자들의 대답은 분명하지 않을 것이다. 그러나 중국어 모어 화자가 단어에서 강세 음절과 비강세 음절을 분명하게 말할 수 있는 경우가 존재하는데 이는 경성이 포함된 음절이다. 상술한 바 있듯 경성 음절은 단독으로 출현하거나 1음절의 자리에 출현할 수 없다. 또 함께 출현하는 음절에는 반드시 조소적인 성조가 한 개 이상 포함되어 있어야 한다. 경성이 선행하는 성조에 따라 조형과 조치가 달라지는 것도 경성이 전형적인 비강세 음절로서 약음절로 실현되기 때문이다. Lin(2007)에서는 선행하는 음절이 제1-4성 중 한 개이고 경성이 후행할 때 어떤 음높이를 가지는지를 음운적으로 가시화시켜 보여준 바 있다. 이 중 제3성과 제4성 뒤에 출현하는 경성의 음높이에 대한 논리가 흥미로우므로 아래에 소개해 보고자 한다.[99]

---

97 **여기서 잠깐!** 단어 강세는 문장 강세와 다른 개념으로서 문장 강세는 대부분의 언어에 존재하는 보편적인 현상이지만 단어 강세에 대한 판단은 한국어와 중국어와 같이 쉽지 않은 경우가 많이 존재한다. 문장 강세는 예를 들어 의문문에서 의문사에 강세가 가고, 의문문에 답한 문장에서는 의문에 대한 해답에 강세가 가는 것과 같은 경우를 들 수 있다. 그러나 한국어 '학교'나 중국어 '学校' 같은 단어에서 어느 음절에 강세가 가느냐에 대한 모어 화자의 판단은 분명하지 않다.

98 **여기서 잠깐!** 영어 'present'는 1음절에 강세를 두면 명사나 형용사로서 '선물, 지금, 현재의, 출석한' 등과 같은 의미를 지니고, 2음절에 강세를 두면 동사로서 '제시하다, 선물하다' 등의 의미를 지닌다. 또 강세가 어디에 위치하느냐에 따라 실현되는 발음도 달라진다.

99 **여기서 잠깐!** 제1성과 제2성 뒤에 출현하는 경성은 1음절 성조로부터 부여받게 되는 자질이 없어 기정치(default)인 L가 삽입된다. 자세한 논의는 Lin(2007:203-204)을

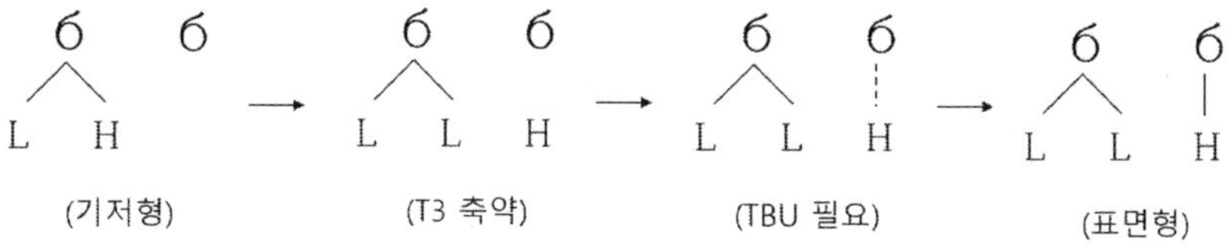

```
    σ   σ              σ   σ              σ   σ              σ   σ
    ∧   |              ∧   ∧              ∧   ┆              ∧   |
    L H       →        L   L H      →     L   L H     →      L L H
   (기저형)            (T3 축약)           (TBU 필요)          (표면형)
```

[그림 50] 제3성에 후행하는 경성의 음높이 자질

```
    σ   σ              σ   σ              σ   σ              σ   σ
    ∧   |              ∧   ∧              ∧   ┆              ∧   |
    H L       →        H   M L      →     H   M L     →      H M L
   (기저형)            (T4 축약)           (TBU 필요)          (표면형)
```

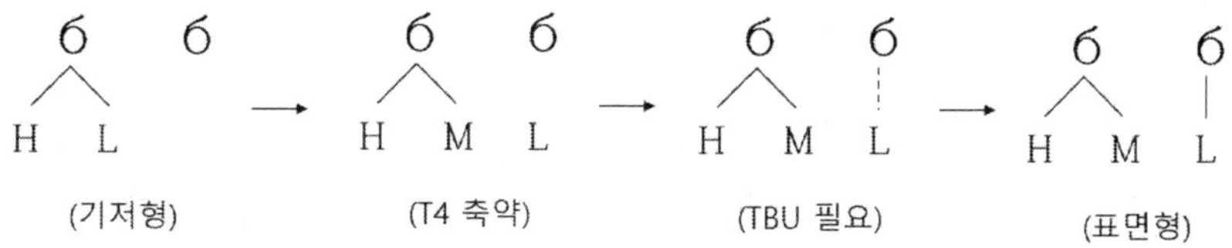

[그림 51] 제4성에 후행하는 경성의 음높이 자질

    위 그림에서는 성조 자질을 사용하여 경성의 음높이 자질을 제시하고 있는데 H는 고조, M은 중조, L는 저조를 나타낸다.[100] 먼저 [그림 50]을 보면 기저형으로 1음절에 제3성, 2음절에 경성이 주어져 있어 1음절에 LH, 2음절은 정해지지 않는 음높이로서 비워져 있다. 제3성은 모든 성조 앞에서 후미 상승이 이루어지지 않는 축약이 발생하므로 1음절은 LL의 자질을 지니게 되고 1음절에서 떨어져 나온 H자질은 부유(浮遊)하게 된다. 이때 그 부유 자질이 2음절 경성의 자질이 비어 있는 곳으로 결합하게 되어 결국 표면형은 LL+H로 실현되게 된다. 다음 [그림 51]에서는 기저형으로 1음절에 제4성, 2음절에 경성이 주어져 있어 1음절에 HL, 2음절은 정해지지 않은 음높이로서 비워져 있다. 제4성은 모든 성조 앞에서 후미 하강이

    참조하기 바란다.
100 **여기서 잠깐!** 연구자들은 일반적으로 경성이 아닌 성조의 중국어 음절에는 두 개의 자질을 부여하고 경성 음절에는 하나의 자질을 부여한다. 따라서 제1성은 HH, 제2성은 MH, 제3성은 LH, 제4성은 HL의 자질을 부여받는다. 경성은 선행 음절에 따라 음높이가 달라지므로 기본적으로 자질의 자리를 비워두지만 기정치로는 저조인 L를 부여한다.

이루어지지 않는 축약이 발생하므로 1음절은 HM 자질을 지니게 되고 1음절에서 떨어져 나온 L자질은 부유하게 된다. 이때 그 부유 자질이 2음절 경성의 자질이 비어 있는 곳으로 결합하게 되어 결국 표면형 HM+L가 실현되게 된다.

경성 음절 외에 비강세 음절이 변조되는 현상의 또 다른 예로는 제2성 변조를 들 수 있다. 제2성 변조는 제2성이 3음절 단어의 2음절 자리에서 실현될 때 발생하는 변조로서, 1음절에 HH나 MH와 같은 고조의 자질을 지닌 음절이 출현하고 마지막 음절이 경성 음절이 아니어서 3음절 가운데 중간 음절인 2음절이 상대적으로 비강세로 실현될 때 발생한다. 이를 규칙으로 제시하면 아래와 같다.

○ 규칙5
T2 → T1 / T1, T2 _ T1, T2, T3, T4

이는 선행하는 자질의 마지막 자질 H의 영향을 받아 2음절의 MH 자질이 HH로 변조되는 순행 동화의 일종이라고 할 수 있다. 이때 마지막 3음절에 경성이 출현하면 이러한 변조는 발생하지 않는데 그 이유는 운율적으로 경성 음절이 가장 약하기 때문에 상대적으로 강한 2음절에 변조가 발생하지 않기 때문이다. 다시 말해, 제2성 변조는 제2성이 운율적으로 가장 약음절인 위치에서 실현될 때 발생한다. 예를 들면 '实习生 shíxíshēng'을 '实习生 shíxīshēng'으로 발음한다든지, '学习者 xuéxízhě'를 '学习者 xuéxīzhě'로 발음하는 경우를 들 수 있다. 이는 일상 구어와 빠른 발화에서 자주 출현하는 자유 음변으로서 제2성 변조는 TV 드라마에서도 곧잘 확인이 된다. 혹시 어떤 중국인이 여러분을 보고 '韩国人 hánguōrén'이라고 발음한다면 이 또한 제2성 변조의 결과라고 할 수 있다.

10

중국어 음역어와 차용어 음운론

본 장에서는 언어 접촉이 활발히 이루어지는 현 상황에서 새로운 차용어가 생성될 때 두 언어 말소리 체계의 마찰을 어떻게 극복하는가를 보여주는 차용어 음운론에 대해 소개하도록 하겠다. 차용어란 고유어에 대비되는 개념으로 다른 나라로부터 그 개념을 빌려와 자기 나라의 언어로 해당 개념을 표현한 어휘를 말한다. 어휘로 표현하는 방식으로는 근원어의 음을 차용하는 음역, 의미를 차용하는 의역, 글자를 차용해 오는 형역(形譯), 그리고 여러 가지 방식의 혼용 등이 있다.[101] 그 중에서 많은 언어들이 가장 흔하게 사용하는 것이 음역이고 바로 이러한 음역이 차용어 음운론의 분석 대상이 된다.[102]

---

101 **여기서 잠깐!** 본 장에서 본격적으로 다루는 음역어 외에 의역어의 예에는 영어 'angel'을 하늘의 사자로 의역한 '天使 tiānshǐ'가 있고, 의역의 또 다른 형태로서 근원어의 형태소를 그대로 차용하는 어의 차용어(calque)에는 영어 'hot dog'를 차용한 '热狗 règǒu'가 있다. 또 한자 문화권 내의 차용에서 자주 이루어지는 형역의 예에는 일본어 단어 '给力 gěilì'를 글자 그대로 차용해 들여와 중국식 발음으로 읽는 것을 들 수 있다. 라틴 알파벳을 사용하는 서구권의 언어, 특히 영어에서 영어 자모를 그대로 들여와 사용하는 'AIDS'와 같은 자모어도 일종의 형역으로 볼 수 있다. 물론 'AIDS'를 '艾滋病 àizībìng'으로 쓰고 읽는다면 '病' 앞 두 음절은 음역이 된다. 여러 가지 방식이 혼용된 예로는 영어 'credit card'를 차용한 '信用卡 xìnyòngkǎ'를 들 수 있는데, '信用'은 'credit'을 의역한 것이고 '卡'는 'card'를 음역한 것이다.

102 **여기서 잠깐!** 그러나 중국어의 공식 서사체계는 뜻글자인 한자이기 때문에 전통적으

생성 음운론의 역사에 비하면 차용어 음운론의 역사는 30여년에 불과하기 때문에 상대적으로 짧은 역사를 지니고 있다. 중국어 차용어 음운론의 시작을 알리는 기념비적인 연구는 Silverman(1992)이 영어에서 차용한 광동어(Cantonese) 음역어를 연구한 것에서 비롯되었다. 인간의 언어 능력(language competence)에 주요 관심을 쏟았던 생성 문법의 본질 상 모어 화자의 모어 지식이 중요했으므로 생성 음운론에서는 외국어로부터 어휘를 차용해 오는 과정에 대해 크게 주의를 기울이지 않았다. 그러다 모어의 음운 지식을 다루는 음운론으로는 밝힐 수 없는 모어 화자의 언어적인 지식의 존재 여부를 차용어 음운의 적응 방식을 통해 확인할 수 있다는 것이 알려지면서 차용어 음운론 연구들이 활발하게 등장하기 시작하였다. 즉 모어에는 존재하지 않는 외래의 입력형을 모어의 음운 체계로 출력하는 과정, 즉 적응(adaptation) 과정을 분석함으로써 어떤 음운 현상이 모어

로 의역을 더 선호해 왔는데 최근 차용어의 급증과 신속한 생산에 발맞춰 음역어 역시 상당히 빠르게 증가하고 있다. 역사적으로 중국어에 음역이 증가한 최초의 시기는 불경의 유입이 활발했던 때로서 이 시기 산스크리트어로부터 차용된 음역어들은 이미 중국어에 오랫동안 사용되면서 외래적인 색채가 거의 사라지고 고유의 형태소로 자리매김하며 다양한 어휘를 생산해냈다. 그 대표적인 예가 '佛'로서 유입 이후 '佛教', '佛经', '佛堂' 등 수많은 어휘를 생산하였다. 이후 또 언급될 만한 유입 시기로 명말청초(明末清初)부터 5·4운동 시기를 들 수 있다. 이때는 서양의 학문과 종교가 활발하게 유입되면서 서양으로부터 많은 학술적인 개념들이 음역되어 들어왔다. 예를 들면 '几何', '逻辑', '托邦', '卡路里', '引得', '马达' 등을 들 수 있다. 이들 중에는 초기 음역되어 들어왔다가 이후 의역어로 대체된 경우들도 상당히 존재한다. 그 대표적인 예가 영어 'inspiration'으로부터 차용된 음역어 '烟士披里纯 yānshìpīlǐchún'이 사멸하고 의역어 '灵感 línggǎn'으로 대체된 경우를 들 수 있다. 이후로는 개혁개방(改革開放)이 이루어졌던 1980년대 이후 2000년대 초반까지를 새로운 음역어 유입의 시기로 볼 수 있는데 이때는 서양의 사회, 문화뿐만 아니라 일상생활 각 방면에서 다양한 개념과 신조어들이 중국어로 음역되었다. 예를 들면, 'T恤', '迷你', '克隆', '丁克', '托福' 등을 들 수 있다. 사실 인터넷이 보급된 이후부터 현재까지는 또 다른 경향의 음역어 유입 시기로서 구분될 수 있다. 이전 음역어들이 지식인들을 중심으로 서적을 통해 보급되었다면 이때부터는 음역의 주체가 새롭고 감각적인 것을 추구하는 젊은이들로 옮겨오면서 온라인 용어와 신선한 느낌의 신조어로서 음역어가 대거 등장하고 있다. 예를 들면, '闷骚', '洛丽塔', '趴客', '飞特(族)' 등을 들 수 있다.

화자의 심리적 실재성(psychological reality)을 지니는가를 밝혀낼 수 있기 때문이다. 이제 차용어 음운론에서 주로 사용되는 이론과 개념들을 중국어 음역어를 대상으로 하여 제시해 보도록 하겠다.

(1) 최적성 이론

차용어 음운론의 이론적 틀을 제공해 주는 것은 주로 최적성 이론(Optimality Theory, 이하 OT라고 함)으로서, Alan Prince와 Paul Smolensky가 1993년 함께 OT를 창안한 이후 차용어 음운론 연구는 더욱 활기를 띠게 되었다. OT는 언어 현상을 기저형을 유지하려는 충실성 제약(faithfulness constraint)과 표면형의 유표성을 최소화하려는 유표성 제약(markedness constraint)이 상호작용하며 이루어지는 것으로 설정한다. 따라서 두 언어 간 접촉을 통해 말소리의 마찰을 최소화하려는 차용어 적응을 연구할 때에 OT의 설정이 매우 적절하게 활용될 수 있다. OT에 따르면 인간의 언어가 공유하는 제약들이 존재하는데 언어에 따라 제약들의 서열에 차이가 있기 때문에 언어 간의 차이가 발생한다고 말한다. 즉 제약 간 서열의 차이가 언어의 차이를 만들어내는 것이다. 따라서 차용어 적응 과정에서 두 언어 간 음운 체계의 차이를 극복할 때 서열이 높은 제약을 지키기 위해 서열이 낮은 제약이 위반될 수 있고 그 과정에서 모어 화자 머릿속에 저장된 음운 지식이 중요한 작용을 하게 된다.

대표적인 충실성 제약에는 입력(input)의 구성 음운이 출력(output)에서 삭제되는 것을 금지하는 'Max-IO'와 입력에 존재하지 않는 음운이 출력에 첨가되는 것을 금지하는 'Dep-IO'를 들 수 있다. 또 입력과 출력 간 구성 음운의 자질 변경을 금지하는 제약으로 조음 위치 자질의 변경을 금지하는 'IDENT(Place)'와 조음 방법 자질의 변경을 금지하는 'IDENT(Manner)' 제약도 충실성 제약의 일종이다. 반면 중국어는 음절말에 장애음이 출현하는 것을 금하는 언어이므로 *ObsCoda' 제약을 설정할 수 있는데 이는 중국어에 존재하는 유표성 제약 중 하나라고 할 수 있다. 또 비음 중에서 [m]만 음절말에 출현하는 것을 불허하기 때문에 이를 위한 유표성 제약 *M-Coda' 제약도 설정할 수 있다. 뿐만 아니라 음절 어느 위치에서도 자음군을 허용하지 않기 때문에 이를 위한 *ComCoda' 혹은 *ComOnset'과 같은 유표성 제약도 설정할 수 있다.

영어 'tank'에서 온 중국어 음역어 '坦克 tǎnkè'를 예로 중국어 차용어 적응을 위한 제약 서열의 예를 제시해 보자! 우선 영어 1음절 입력 [tæŋk]는 중국어 2음절 출력 [tʰan.kʰɤ]로 적응되었다. 입력의 모든 음운은 빠짐없이 출력되고 있어 Max-IO를 위반하지 않지만 이를 위해 입력에 출현하지 않는 모음 [ɤ]가 삽입됨으로써 Dep-IO는 위반되고 있다. 즉 입력에 주어진 구성 음운의 삭제를 막기 위해 첨가가 일어난 것이나. 따라서 제약 간 서열은 'Max-IO » Dep-IO'와 같이 제시될 수 있다. 한 가지 더 눈에 띄는 것은 입력의 음절말 연구개 비음 [ŋ]이 출력에서 치경 비음 [n]로 적응되는 것인데 이는 출력의 조음 방법 자질 [+nasal]을 유지하고 조음 위치 자질 [+dorsal]을 위반하였으므로 제약 간 서열은 'IDENT(Manner) » IDENT(Place)'와 같이 제시될 수 있다. 또 입력 음절말에 위치한 [k]를 탈락시키지 않고 두 번째 음절 두음으로 실현시키면서 모음을 삽입했기 때문에 역시 *ObsCoda » Dep-IO'로 서열이 매겨진다.

또 다른 예로 영어 1음절 'trust'는 중국어 음역어로 3음절 '托拉斯 tuōlāsī'로 적응하는데 입력형 두음과 말음에 자음군이 동일하게 존재하고 있지만 적응시키는 방식에는 차이가 존재한다. 먼저 두음의 자음군은 모음 삽입을 통해 *ComOnset을 위반하지 않는 반면, 말음의 자음군은 상대적으로 지각적 현저성(salience)이 높은 마찰음은 모음 삽입을 통해 보존하고 음절말에서 지각적 현저성이 떨어지는 파열음 말음을 삭제시키는 것으로 *ComCoda를 위반하지 않고 있다. 또 음절 말 마찰음의 보존을 위해 모음을 삽입한 것은 *ObsCoda를 위반하지 않기 위함으로도 해석될 수 있다. 따라서 이 예를 기반으로 보면 제약 간 서열은 *ComOnset ≈ *ComCoda ≈ *ObsCoda » Max-IO ≈ Dep-IO'로 제시될 수 있다.[103] 이를 OT tableau를 통해서 나타내면 다음과 같다.

[표 34] 영어 'trust'의 중국어 음역어 '托拉斯'로의 적응

input [tʌst] candidate	*ComOnset	*ComCoda	*ObsCoda	Max-IO	Dep-IO
a. [tʰwo.la.stʰɤ]		*!			*
b. [tʰwo.la.sɿ.tʰ]			*!		*
☞ c. [tʰwo.la.sɿ]				*	*
d. [tʰla.sɿ.tʰɤ]	*!				*

[표 34]의 모든 후보자는 첨가를 금지하는 'Dep-IO'를 위반하고 있지만 '후보자 c'만이 치명적인 위반을 하지 않아 최적형으로 선택되었다. 일반적으로 차용어 음운론에서 논의하는 제약과 서열 및 후보는 변이 관계까지를 포함하여 매우 복잡하고 깊이 있는 수준까지 발전하였으나 본서에서는 가장 기초적인 부분만을 언급하여 초보 연구자의 이해를 돕고자 한다.

(2) 접근법과 전략

차용어 음운론을 다루는 연구들은 일반적으로 음운론적 접근법과 지각

---

[103] **여기서 잠깐!** 제약의 서열을 제시할 때 기호 '»'는 좌측의 제약이 우측의 제약보다 우선한다는 것을 의미하고, 기호 '≈'는 제약 간 서열을 매길 수 없다는 것을 의미한다. 아래 [표 34]에서 기호 '☞'은 최적형으로 선택되는 후보를 가리키고, '*'는 위반을 의미하며, '!'는 해당 위반이 치명적임을 나타낸다. tableau에서 실선이 아닌 점선으로 칸을 구분한 것은 서열 간 등급을 매길 수 없음을 의미한다.

적인 접근법, 이 두 가지 접근법 중 하나의 입장을 취한다. 두 접근법의 본질적인 차이는 적응 과정에서 입력의 본질을 각각 두 언어 간 음소의 대응으로 볼 것인가와 지각적 유사성에 따른 대응으로 볼 것인가에 있다. 따라서 음운론적 접근법에서는 근원어 단어의 음절을 구성하는 음소가 차용하는 언어의 음운 체계로 입력되어 그 언어 음소 체계에서 가장 유사한 음으로 대응하게 된다는 입장이다. 반면 지각적인 접근법에서는 근원어 단어가 차용하는 언어에 입력될 때 음성적인, 즉 지각적으로 가장 유사한 음으로 입력되어 차용하는 언어의 음운 체계에서도 그 음성에 기반한 적응이 이루어진다는 입장이다. 그렇다 보니 음운론적인 접근법에서는 주로 음소 간 보존(preservation)의 전략을 많이 사용하고 지각적인 접근법에서는 주로 삭제(deletion)의 전략을 많이 사용한다. 두 접근법 모두 충분한 예가 존재하고 논리적인 접근이 가능하기 때문에 어느 한쪽이 더 훌륭한 접근법이라고 평가하기는 어렵지만 차용이 대량으로 또 신속하게 이루어질 뿐만 아니라 차용하는 주체들이 근원어 말소리에 대한 이해가 높은 요즘은 필자 개인적인 견해로는 지각적인 접근법이 더 많은 예를 설명할 수 있어 효율적이라는 생각이 든다.[104]

---

104 **여기서 잠깐!** 이러한 생각은 사실 하나의 음절이 하나의 문자로 표현되어야 하는 중국어의 경우에 대비되는 예를 찾는 것이 쉽지 않지만 한국어 음역어에서는 상당히 많은 예를 들 수 있다. 예를 들어, 영어 1음절 단어 'cart'는 한국어로 음역될 때 말음 자음 /t/가 모음 /ㅡ/ 삽입을 통해 '트'라는 독립된 음절로 음역되어 한국어 음역어는 '카트'로 2음절이 된다. 반면, 또 다른 1음절 영어 단어 'pet'의 말음 자음 /t/는 모음을 삽입하지 않고 음역되어 '펫'으로 1음절이 된다. 근원어에서 동일한 음소 /t/가 입력된 것으로 볼 수 있지만 차용하는 언어에서 서로 다른 출력을 하고 있다는 것은 두 단어의 입력 자체가 다르기 때문에 서로 다른 적응 과정을 거쳐 서로 다른 출력을 만들어 낸 것으로 보는 것이 합리적이다. 'cart'의 /t/는 선행 자음인 접근음 [ɹ]로 인해 장모음과 같은 효과를 내며 상대적으로 긴 호흡의 [tʰ]로 입력된 반면, 'pet'에서 단모음 다음에 바로 이어진 /t/는 상대적으로 짧은 호흡으로 마무리되며 불파음 [t̚]로 입력된다. 따라서 한국어로 출력될 때에 서로 다른 입력으로 말미암아 각각 서로 다른 출력 '트 [tʰɯ]'와 '받침 ㅅ [t]'로 적응된다. 따라서 이는 두 언어 간 음운적인 매칭이 아닌 지각적 유사성에 기반한 적응으로 설명할 때 합리적인

사실 동시대에 동일한 근원어 단어를 차용하는데 두 가지 접근법을 뒷받침할 수 있는 서로 다른 변이들이 동시다발적으로 생겨날 수 있다. 한국어에서도 패밀리와 훼밀리 혹은 파이팅과 화이팅 같이 동일한 영어 [f]를 서로 다른 음역으로 표현하는 일도 그 예에 해당하고 이러한 일들은 상당히 흔하게 일어나는 일이다.[105] 중국어에서도 간혹 그런 예들이 있는데 미국의 이전 대통령인 도널드 트럼프의 중국어 음역어 이름을 예로 들면, 성(姓)에 대한 음역의 형식으로 '唐纳德·特朗普 tángnàdé·tèlángpǔ'와 '唐纳德·川普 tángnàdé·chuānpǔ' 두 가지 서로 다른 유형이 존재한다. 동일한 인명인데 서로 다른 음역의 형태 '特朗普'와 '川普'가 존재하는 것은 무슨 이유일까? 전자의 경우는 영어 입력형 /tr/를 모음 삽입을 통해 보존하여 각각 '特 /tʰɤ/'와 '朗 /laŋ/'으로 음소 간 대응을 충실하게 전사하고 있다. 반면 후자의 경우는 영어 입력형 /tr/가 지각적으로 [tʃ]로 들리기 때문에 입력형이 [tʃ]가 되어 이와 가장 유사한 중국어 자음 '川 /tʂ/로 전사한 것으로서 두 언어 간 지각적 유사성에 기반을 두어 적응이 일어난 것이다. 이러한 변이의 발생에 대해 연구자가 취해야 하는 입장은 어느 변이가 더욱 적절한가를 판단하여 정책적으로 표준으로 정하는 일에 관여하는 것

접근이 가능하다.
[105] **여기서 잠깐!** 이러한 변이의 문제는 국립국어원에서 '패밀리'와 '파이팅'을 표준으로 정한 것과는 별개의 것으로 본서가 주목하는 것은 동일한 근원어 단어가 서로 다른 형태의 차용 결과로 만들어진다는 것에 있다. 적응 과정에 대해 간략히 설명하자면 영어 [f]의 음소적인 카테고리는 순치마찰음인데 한국어 자음 음소 체계에는 동일한 음이 존재하지 않는다. 이때 음소적으로 가장 가까운 한국어 자음은 유기양순음인 'ㅍ [pʰ]'로 볼 수 있는데 순음이면서 마찰음이 뿜어내는 거친 기류를 기식성으로 대체한 것으로 볼 수 있기 때문이다. 그렇지만 'ㅍ'은 영어 [f]에 비해 확실히 거칠게 느껴진다. 오히려 성문마찰음인 'ㅎ [h]'을 자음으로 적응시키고 활음 [w]를 함께 쓰면, 즉 '훼 [hwe]'나 '화 [hwa]'로 쓰는 것이 지각적으로 더 유사하게 들린다. 실제로 한국어 모어 화자들이 실생활에서 더 선호하는 것은 국립국어원이 제시하는 표준형이 아닌 '훼밀리'와 '화이팅'이다. '훼밀리'와 '화이팅'이 일본어를 통해 한국으로 들어온 차용어로 볼 수도 있는데 그렇다고 할지라도 일본어가 영어 [f]를 차용하는 방식 역시 앞서 설명한 것과 크게 다르지 않다.

이 아니라고 생각한다. 이는 언어 정책을 담당하는 전문가들의 일이며 차용어 음운론을 연구하는 연구자들은 이러한 변이가 생기는 이유를 합리적인 분석을 통해 파악하는 것이 본연의 일일 것이다. 다만 위에서 예를 든 중국어 음역어의 예 중에 음운적인 접근법에 따라 음소적인 매칭에 중점을 둔 음역어 '特朗普'가 공식적인 혹은 정식적인 자리에서 주로 사용되고 있으며 '川普'는 온라인과 같이 상대적으로 비공식적인 자리에서 사용되는 경향이 있다. 앞서 든 한국어의 예에서도 공통적으로 보이는 것처럼 보다 보수적인 기관이나 입장이 두 언어 간 음운적인 전사를 더 선호하는 경향이 있는 것으로 보인다. 이는 그런 경우 전달 매체가 서면이 많다는 것과 무관하지 않다. 그리고 이러한 언어 연구자들의 판단이 정책 결정자들에게 도움을 줄 수는 있을 것이다.

그럼에도 불구하고 필자가 차용어 적응에 있어 입력의 지각적인 유사성에 더 무게를 두는 또 다른 이유가 있다. 차용어 적응은 대부분의 경우 두 언어 간 자음의 충실한 전사에 중심을 둔다. 물론 자음과 어떤 모음이 결합하느냐에 따라 또 다른 선택을 하기도 하지만 이는 어디까지나 그 모음과 결합할 때 지각적으로 입력형과 더욱 유사해지는 자음이 존재할 때 가능한 것이다. 모음을 더욱 충실하게 전사하기 위해 자음의 음운적인 매칭이나 지각적인 매칭을 포기하는 경우는 거의 없다. 예를 들어, 영어 자음 [tʃ]는 후치경파찰음이므로 중국어 자음 음소 중에 동일한 자음은 찾을 수 없지만 조음 위치와 방법 면에서 유사한 자음으로 [tɕʰ]와 [tʂʰ] 모두 충실한 전사가 가능하다. 그러나 후행하는 모음과의 결합을 고려했을 때 지각적으로 더욱 유사한 자음을 선택하며 적응이 이루어지기도 하는데 예를 들어 영어 'cha-cha' 댄스는 중국어 음역어 '恰恰(舞) qiàqià(wǔ)'로, 영어 이름 'Charlie'는 중국어 음역어 '查里 chálǐ'로 적응된다. 중국어 경구개 파찰음 [tɕʰ]는 중국어 음소배열제약으로 모음 [a]와 직접 결합할 수 없기 때문에 전자의 경우 [tɕʰ]로 적응하되 운모 부분이 이중모음인 [ja]로 실현되었다. 그러나 후자의 경우 입력의 해당 음절말에 [ɹ]이 위치함으로써 모음 [a]와 더불어 권설성으로 지각적 유사성을 더욱 도모할 수 있는 권설파찰음 [tʂʰ]로 적응되고 바로 모음 [a]와 결합하였다. 입력은 동일하게 영어 자음 [tʃ]이지만 중국어에서 서로 다른 자음으로 출력되는 이와 같은 현상을 설명하려면 지각적인 유사성을 기반으로 분석할 때 더욱 합리적이고 논리적인 접근이 가능해진다.

뿐만 아니라 적응 과정에서 자음의 충실한 전사가 모음의 충실한 전사보다 더욱 중요하게 다루어지는 이유 자체도 두 언어 간 지각적인 유사성에 기반을 두고 있다. 예를 들어 자음군이나 음절말에 [n]와 [ŋ]을 제외한 자음을 불허하는 중국어의 경우 해당 자리의 영어 자음을 보존하는 방법으로 모음 삽입 전략을 흔하게 사용한다. 즉 영어 자음군이나 음절말에 위치한 입력형 자음이 독립된 음절로 재음절화될 때 모음을 삽입하게 된다. 이때 삽입되는 모음을 지각적으로 두드러지지 않는 모음으로 삽입하여 최대한 입력형의 자음만이 지각적으로 두드러지게 들릴 수 있는 효과를 도모하게 된다. 예를 들어 영어 'clone'이 중국어 음역어 '克隆 kèlóng'으로 적응하는 과정에서 입력된 영어 자음 [k]가 [kʰɤ]라는 중국어의 독립된 음절로 출력되는 것을 볼 수 있다. 이때 삽입되는 모음 [ɤ]는 [kʰ]와 [+dorsal] 자질을 공유함으로써 지각적으로 두드러지지 않도록 하고 있다. 다시 말해 자음의 충실한 전사만을 고려했다면 [kʰa]로 적응해도 되는데 그렇게 되면 입력된 자음군 [kl]에서 [k]와 지각적으로 크게 달라졌을 것이다. 왜냐하면 [kʰɤ]와 비교할 때 상대적으로 모음의 지각적 현저성이 높아지기 때문에 입력형에 없던 모음이 두드러지게 들리기 때문이다. 이러한 예 또한 차용어 적응이 지각적 유사성을 바탕으로 이루어진다는 관점에 더욱 힘을 실어주게 된다.

또 다른 예로서 중국어에서 동일하게 불허하는 영어 음절말 비음 [m]와 유음, 즉 [l] 혹은 [ɹ]이 적응하는 과정에서 삭제되는 비율에는 현격한 차이가 존재한다. 비음 [m]는 중국어 음소배열제약에서 허용하는 또 다른 음절말 비음 [n] 혹은 [ŋ]으로 보존되는 경우가 대부분이며 때때로 모음 삽입을 통해 독립된 음절의 두음으로 보존되기도 하여 삭제되는 경우가 매우 드물다. 반면 유음은 모음 삽입을 통해 독립된 음절로 전사되거나 권설 모음 [ɚ]로 전사되기도 하지만 아예 삭제되는 비율도 상대적으로 매우 높다. 예를 들어 영어 'totem'은 중국어 음역어 '图腾 túténg'으로 적응되어 입력형의 음절말 비음 [m]이 중국어 음소배열제약이 허용하는 [ŋ]으로 출력된다. 혹은 영어 'Graham'이 중국어 음역어 '格雷厄姆 géléi'èmǔ'로 적응되는 것과 같이 모음 [u]를 삽입하여 음절 [m]를 보존시키기도 한다. 어떤 방식으로든 입력형에 존재하는 음절말 비음 [m]가 삭제되는 경우는 매우 드물다. 반면 예를 들어 영어 'Hill' 혹은 'bar'와 같이 음절말에 출현하는 입력형 유음의 경우는 각각 중국어 음역어 '希尔 xī'ěr'과 '吧 bā'로 적응되어 권설모음으로의 약화나 삭제가 일어나는 경우를 자주 볼 수 있다. 음절말 유음의 이와 같은 높은 비율의 약화나 삭제는 입력형 자체의 지각적인 특성이 아니고서는 설명이 불가능하다. 음절말 [m]이든 [l] 혹은 [ɹ]이든 모두 중국어 음소배열제약이 허용하지 않는 것은 동일한 조건인데 보존되는 비율에 큰 차이가 나는 것은 비음은 음절말에서도 지각적으로 두드러지는 음인데 반해 유음은 음절말에서 모음의 연장선으로 느껴질 정도로 지각적인 현저성이 떨어지기 때문이다.

(3) 적응에 영향을 미치는 요소

차용어 적응에 영향을 미치는 기본적인 요소는 당연히 음운이나 음성적인 조건이지만 그것이 전부는 아니다. 그밖에도 가장 흔하게 영향을 미치는 것이 근원어의 철자법이라고 할 수 있는데 언뜻 보면 음운적인 매칭처럼 생각될 수도 있다. 예를 들어 영어 'summer'의 경우 한국어 음역어는 '썸머'라고 하여 근원어와 음운 혹은 음성적으로 매우 충실하게 매칭이 이루어지고 있다고 생각할 수 있다. 그러나 해당 영어 단어는 [sʌməz]로 발음되기 때문에 음운, 음성적으로 충실한 매칭이 이루어지려면 "써머"라고 해야 한다. 그렇다면 한국어 음역어에 [m]이 두 번 연속되는 것은 무엇 때문일까? 바로 영어 단어의 철자법에 'm'이 두 개 있어 이를 모두 전사했기 때문이다. 이런 철자법의 영향은 차용어 적응 과정에서 매우 흔하게 영향을 미치는 요소로서 음운적인 접근과 구분할 필요가 있다. 중국어의 경우에도 이런 경우가 심심치 않게 발생하는데 예를 들어 영어 'Greenwich'는 중국어 음역어로 '格林威治 gélínwēizhì'와 '格林尼治 gélínnízhì' 두 가지 변이가 존재하는데 해당 단어의 발음은 [grinitʃ]이기 때문에 전자의 경우는 영어 철자 'w'의 영향을 받는 적응으로 볼 수 있다. 또 영어 'Holmes'를 중국어 음역어로 '霍尔姆斯 huò'ěrmǔsī'로 적응시키는 것 역시 영어 발음이 [hóumz]로 'l'이 묵음임에도 불구하고 권설모음 [ɚ]로 전사하므로 역시 철자 'l'의 영향이라고 할 수 있다.[106]

중국어가 한자를 사용하는 언어라는 점에서 차용어 적응에서 독특한 점은 음역어를 구성하는 한자의 의미가 적응에 많은 영향을 미친다는 것이다. 가장 좋은 것은 근원어의 입력형과 음성, 음운적으로 충실한 전사를 하면서도 음역어를 구성하는 한자의 조합이 좋은 의미를 반영할 수 있을 때일 것이다. 예를 들어 유명한 중국어 음역어의 예 '可口可乐 kěkǒukělè'가 그러한 예의 대표라고 할 수 있는데, 영어 음료 상표 'Coca-Cola'를 음성, 음운적으로 충실하게 전사하면서도 구성 한자의 조합이 마시면 입에 맞고

---

[106] **여기서 잠깐!** 중국어에 음역어가 증가하면서 한자의 기능에도 변화가 생기게 되었다. 일반적으로 한자는 의미만을 나타내는 소위 '뜻글자'라고 말하지만 몇몇 한자들은 그 한자의 음절이 특정 영어 음절이나 분절음을 표음할 때 자주 사용되면서 해당 한자 본래의 의미와 무관하게 표음 기호와 같이 활용된다는 것이다. 대표적인 것이 영어 분절음 's'는 '斯 sī'로, 't'는 '特 tè'로, 'p'는 '普 pǔ'로, 'k'는 '克 kè'로, 'm'는 '姆 mǔ'로 전사하는 경우가 많다. 또 영어 음절 'rin/lin'은 '林 lín'으로, 'ning'은 '宁 níng'으로, 'han/ham'은 '汉 hàn'으로, 'man'은 '曼 màn'으로, 'ran/lan'은 '兰 lán'으로, 'ra/la'는 '拉 lā'로 전사되는 경우가 많다.

기분이 좋아질 것 같은 의미를 보여준다. 그러나 때때로 구성 한자들의 의미를 좋게 하기 위해서 근원어 입력형과의 음운, 음성적인 충실한 매칭과 상당한 거리감이 있는 음역어로 적응되기도 한다. 이런 적응은 특히 외국 상표를 받아들일 때에 자주 이루어지는데 이는 바람직한 상표의 이미지 창출에 도움을 주기 때문이다. 예를 들어 영어 세제 상표 'Tide'의 중국어 상표명은 '汰渍 tàizì'인데 두 번째 음절이 음운, 음성적으로 충실한 전사가 될 수 있는 [tʅ]로 적응되지 않고 [tsɿ]로 적응된 것을 볼 수 있다. 이는 '汰渍'라는 한자의 조합이 근원어 상표와 유사한 발음의 테두리 안에서 '때를 잘 제거한다'는 세제로서의 이미지를 반영해 줄 수 있기 때문이다. 또 다른 예로 유명 자동차 상표인 'Benz'의 중국어 상표명은 '奔驰 bēnchí' 인데 역시나 발음 면에서 근원어 상표와의 연관성도 어느 정도 느껴지면서 동시에 한자의 조합이 쏜살같이 내달릴 수 있는 자동차의 이미지를 나타내 줄 수 있다. 그러나 역시 두 번째 음절은 음성, 음운적인 면에서 [tsɿ]나 [tsʰɿ]로 적응되는 것이 더욱 충실한 전사라고 할 수 있다. 따라서 상술한 예들은 모두 의미적인 요소가 차용어 적응에 영향을 미친 결과로 볼 수 있으며 중국어에서는 종종 이와 같은 유형의 음역어를 '音意兼译(음의겸역)'이라는 유형으로 따로 분류하여 취급하기도 한다.

　차용어 적응에 영향을 미치는 중국어의 또 다른 특징으로는 방언에 대한 고려이다. 다시 말해 최초 유입된 방언이 무엇이냐에 따라 음성, 음운적으로 충실한 전사가 달라지기 때문이다. 이 또한 한자를 사용하는 언어라는 것과 무관하지 않은데 중국의 방언이 매우 달라 서로 의사소통이 되지 않는 경우가 대부분이라는 것은 많은 사람들이 이미 알고 있는 사실일 것이다. 그러나 한자는 초방언적이기 때문에 음운 체계가 완전히 다른 방언 일지라도 문자 언어는 동일하게 한자를 사용하고 있다. 서양의 언어가 상해나 홍콩과 같은 지역을 통해 처음 유입되는 경우가 많았던 개화기 시절에 중국으로 처음 유입된 음역어들은 현재 보통화의 음운 체계로 보면 충실한 전사가 아닌 것으로 보인다. 예를 들어 상해를 통해 처음 유입된 것으로 파악되는 영어 'sofa'는 중국어로 '沙发'라고 하는데 보통화로 발음하면 [ʂa.fa]여서 첫 번째 음절의 발음이 충실한 전사가 아니라고 생각할 수 있다. 그러나 이를 상해어로 발음하면 [so.fa⁷]로 발음되어 근원어 입력형에 음운, 음성적으로 매우 충실하게 적응이 이루어졌다는 것을 알 수 있다. 또 다른 예로 홍콩을 통해 처음 유입된 것으로 파악되는 영어 'taxi'는 중국어로 '的士'라고 하는데 보통화로 발음하면 [ti.ʂɿ]므로 근원어의 입력형과 상당히 차이가 나는 것으로 파악된다. 그러나 처음 유입된 광동어에서는 [tik.si:]로 발음되어 근원어 입력형과 음운, 음성적으로 상당히 충실한 적응 관계를 보여준다. 따라서 차용어의 적응을 분석할 때에는 이와 같은 최초 유입된 방언의 음운 체계를 검토할 필요가 있다. 다만 비교적 최근에 생성된 음역어의 경우는 대체로 보통화를 통해 유입되고 생산되었기 때문에 예전에 만들어진 음역어에 비해서 방언에 대한 고려의 중요성이 상당히 줄어들었다고 할 수 있다.

 이 외에도 근원어가 동일한 영어일지라도 영국 영어인지, 미국 영어인지에 따라서도 충실한 전사는 달라질 수 있어 근원어도 차용어 적응에 영향을 미치는 요소로 간주될 수 있다. 실제로 한국어에서도 영어 'body'를 예전에 '보디'로 음역하다가 지금은 '바디'로 음역하는데 이는 전자가 영국 영어의 영향력이 강하던 시절의 적응 형태를 반영한다면 후자는 미국 영어의 영향력이 강해진 시절의 적응 형태를 반영한다. 또 차용하는 언어의 언중이 근원어 음운 체계에 어느 정도 노출이 되었는가도 차용어 적응에 영향을 미치게 된다. 일반적으로 언중의 이중언어 정도가 향상될수록 차용어 적응은 근원어의 음성적인 세부 사항들을 더욱 잘 반영하는 차용어로 적응되기 마련이다. 이처럼 차용어 적응에는 두 언어의 음성, 음운적인 요소 외에도 두 언어가 접촉하는 중에 다양한 요소들의 관여가 존재할 수 있다는 점을 고려해야 한다.

참고문헌

강옥미(2011), 『한국어 음운론』(개정판), 태학사.
김태은(2015a), 「BCC 코퍼스에 기반한 중국어 음역어의 음성 기호화현상 고찰」, 『중국어문학지』 53, 369-396.
김태은(2015b), 「초급 중국어 자모 지도를 위한 중국어 음운 체계에 대한 이론적 검토 및 지도 방안」, 『중어중문학』 62, 225-251.
김태은(2017), 「중국의 근대시기 표음화 논쟁에 관한 소고 - 언문일치 운동에 대한 고찰을 중심으로」, 『언어사실과 관점』 41, 167-187.
김태은(2019), 「어기조사'啊' 음운 변화 규칙과 모어화자의 현실발음 인식 차이에 대한 고찰」, 『중국어문학논집』 118, 45-72.
김태은(2020), 「어기조사 '啊' 음성 변이의 역사적 변천과 집단에 따른 사용 양상 차이에 대한 연구」, 『중국어문학지』 72, 297-324.
김태은(2021), 「표준 중국어 모음 체계의 음운학적 고찰」, 『중국어문학논집』 130, 47-70.
김태은·김현철·이현선(譯)(2021), 史有为(著)(2000), 『언어접촉을 통해 본 중국어 외래어』, 학고방.
김태은·이현선(2018), 「한어병음 'iong' 운모의 撮口呼 귀속 문제에 대한 논의」, 『중국문화연구』 41, 163-190.
김현철·김시연·김태은(2019), 『중국어학 입문』, 학고방.
박선우·이주희(譯)(2007), Geofrey K. Pullum & William A. Ladusaw(著), 『음성부호 가이드북』, 한국문화사.
박종한·양세욱·김석영(2012), 『중국어의 비밀』, 궁리출판.
배주채(2013), 『한국어의 발음』, 삼경문화사.
배주채(2015), 『한국어음운론의 기초』, 삼경문화사.
백두현·이미향·안미애(2013), 『한국어음운론』, 태학사.
신지영(2014), 『말소리의 이해: 음성학 음운론 연구의 기초를 위하여』(개정판), 한국문화사.
심소희(譯)(2016), 林焘·王理嘉(著)(1992), 『중국어 음성학(증정본)』, 교육과학사.
안영희(2016), 『현대중국어 음성학』, 한국HSK사무국.

엄윤주·김태은(2023), 「현대 한국 한자음 초성 체계 형성 요인 고찰 - 중·한 음운 체계 변천의 영향을 중심으로」, 『중국어문학논집』 143, 7-33.

엄익상(2012), 『중국어 음운론과 응용』, 한국문화사.

王玥璐·金兌垠(2023a), 「어기조사 啊와 呀의 역사적 변천에 대한 고찰」, 『중국문화연구』 60, 173-204.

王玥璐·金兌垠(2023b), 「어기조사 啊의 이형태 哪의 역사적 변천과 기능에 대한 고찰」, 『중국어문학논집』 140, 7-33.

王玥璐·金兌垠(2023c), 「어기조사 啊와 呀의 합류와 분화에 대한 고찰」, 『중어중문학』 92, 267-291.

이기문·김진우·이상억(1984), 『國語音韻論』, 학연사.

이봉형(2013), 『차용어 음운론』, 한국문화사.

이선우·김태은(2022), 「모어의 음운 체계가 음성 지각과 산출에 미치는 영향에 대한 연구」, 『중국어문학논집』 134, 7-28.

이재돈(2007), 『中國語音韻學』, 학고방.

이해우(2013), 『현대중국어 음운론』, 신아사.

이현복(2002), 『한국어 표준발음사전 : 발음 강세 리듬』, 서울대학교 출판부.

이호영(1996), 『국어음성학』, 태학사.

최영애(2008), 『중국어란 무엇인가』, 통나무.

최혜영·김태은(2023), 「한국인 학습자를 위한 중국어 치경비음운미 교수·학습 방안 - 실험음성학적 논의를 중심으로」, 『중국어 교육과 연구』 41, 99-124.

Alan Bale & Charles Reiss(2018), *Phonology : A Formal Introduction*, The MIT Press.

Alan Prince & Paul Smolensky(1993; 2004), *Optimality Theory: Constraint Interaction in Generative Grammar*, Blackwell Publishing.

Bruce Hayes(2009), *Introductory Phonology*, Wiley-Blackwell.

Carlos Gussenhoven & Haike Jacobs(2017), *Understanding Phonology(4th ed.)*, Routledge.

Christian Uffmann(2007), *Vowel Epenthesis in Loanword Adaptation*, De Gruyter.

Daniel Silverman(1992), Multiple Scansions in Loanword Phonology: Evidence from Cantonese, *Phonology*, 9, 289-328.

International Phonetic Association(1999), *Handbook of the International Phonetic Association: a guide to the use of the International Phonetic Alphabet*,

Cambridge University Press.

John McCarthy(2002), *A Thematic Guide to Optimality Theory*, Cambridge University Press.

Michael Ashby and John Maidment(2005), *Introducing Phonetic Science*, Cambridge University Press.

Michael Kenstowicz(1994), *Phonology in Generative Grammar*, Blackwell.

Noam Chomsky & Morris Halle(1968), *The Sound Pattern of English*, Harper & Row.

Peter Roach(2009), *English Phonetics and Phonology : A practical course(4th ed.)*, Cambridge University Press.

Peter Ladefoged & Keith Johnson(2015), *A Course in Phonetics(7th ed.)*, Cengage Learning.

San Duanmu(2007), *The Phonology of Standard Chinese(2nd ed.)*, Oxford University Press.

Yuan Ren Chao(1968), *A Grammar of Spoken Chinese*, University of California Press.

Yen-Hwei Lin(2007), *The Sounds of Chinese*, Cambridge University Press.

北京大学中国语言文学系现代汉语教研室(编)(2003), 『现代汉语』, 商务印书馆.

曹文(2010), 『现代汉语语音答问』, 北京大学出版社.

何善芬(2002), 『英汉语言对比研究』, 上海外语教育出版社.

林焘·王理嘉(1992;2007), 『语音学教程』, 北京大学出版社.

林焘·耿振生(2008), 『音韵学概要』, 商务印书馆.

沈家煊(译)(2007), David Crystal(著)(1997), 『现代语言学词典』, 商务印书馆.

石锋(2008), 『语音格局 : 语音学与音系学的交汇点』, 商务印书馆.

王理嘉(2003), 『汉语拼音运动与汉民族标准语』, 语文出版社.

謝雲飛(1987), 『語音學大綱』, 臺灣學生書局.

叶蜚声·徐通将(著), 王洪君·李娟(修订)(2010), 『语言学纲要(修订版)』, 北京大学出版社.

〈부록 1〉

용어 목록

한국어	영어	중국어
강세	stress	重音
강세 언어	stress language	重音语言
강음절	strong syllable	强音节
개구도	aperture	间隙度
개모음	open vowel	开元音
개음	medial	介音
개음절	open syllables	开音节
거성	falling tone	去声
격음	aspirated sound	送气音
경구개음	palatal	舌面音
경성	neutral tone	轻声
경음	glottalized sound	紧音
고모음	high vowel	高元音
공명도	sonority	响度
공명도 연쇄 원리	sonority sequencing principle, SSP	响度顺序原则
공명도 위계	sonority hierarchy	响度层级
공명성	[sonorant]	[响度]
광동어	Cantonese	广东话
구	phrase	短语
구개음화	palatalization	腭化
구별기호	diacritic	变音符
국제음성기호	international phonetic alphabet, IPA	国际音标
굴곡조	contour tone	曲拱声调
권설음	retroflex	卷舌音
권설음화	retroflexion	卷舌

근원어	source language	源语
기식성	aspiration	送气
기저형	underlying representation	底层表征
긴장성	[tense]	[紧]
내재적 규칙 순서	intrinsic rule order	内在规则次序
다음절	polysyllable	多音节
단모음	single vowel	单元音
단순 굴곡조	simple contour	简单曲拱
단어	word	词
단음절	monosyllable	单音节
단일어	mono-morphemic word	单语素词
단자조	citation tone	单字调
대립	opposition	对立
동화	assimilation	同化
두음	onset	首音
리듬	rhythm	节奏
마찰음	fricative	擦音
말소리	speech sound	语音
말음	coda	音节尾
모라	mora	莫拉
모음	vowel	元音
모음 삽입	vowel epenthesis	元音增音
모음 사각도	vowel trapezium	元音图
목소리	voice	嗓音
무성	voiceless	清音
묵음	silent	无声
문장	sentence	句子
반모음	semivowel	半元音
반자음	semi-consonant	半辅音
방언	dialect	方言
변별자질	distinctive feature	区别性特征

변이	variation	变异
변이음	allophone	音位变体
보존	preservation	保存
보통화	standard Chinese	普通话
복모음	complex vowel	复元音
복합 굴곡조	complex contour	复杂曲拱
복합어	complex word	复合词
본자조	original tone	本调
부분 동화	partial assimilation	局部同化
부유 자질	floating feature	浮游特征
분절음	segmental	音段
불파음	unreleased plosive	无声除阻
비강세	unstressed	非重读的
비모음	nasal vowel	鼻元音
비성절음	non-syllabic	不成音节
비성조 언어	non-tone language	非声调语言
비음	nasal	鼻音
비음성	[nasal]	[鼻音]
비음화	nasalization	鼻化
삭제	deletion	删除
삼중모음	triphthong	三合元音
삽입	insertion	插入
상보적 분포	complementary distribution	互补分布
상성	low tone	上声
생성 문법	generative grammar	生成语法
생성 음운론	generative phonology	生成音系学
서열	hierarchy	层级
설단	tongue blade	舌叶
설배성	[dorsal]	[舌背]
설정성	[coronal]	[舌冠]
설측음	lateral	边音

설측성	[lateral]	[边音]
설첨	tongue tip	舌尖
설첨성	[apical]	[舌尖]
설치음	apico-dental	舌尖齿音
성대	vocal cords	声带
성대진동시작시간	Voice Onset Time (VOT)	嗓音起始时间
성도	vocal tract	声道
성모	initial	声母
성문	glottis	声门
성문 확장성	[spread glottis]	声门延展
성문 협착성	[constricted glottis]	声门紧缩
성문음	glottal	声门音
성절성	[syllabic]	[成音节]
성절음	syllabic	成音节
성조	tone	声调
성조 언어	tone language	声调语言
성조 연계 단위	Tone Bearing Unit, TBU	载调单位
성조 자질	tone feature	声调特征
소리	sound	声音
소음성	[strident]	[刺耳]
수용	adoption	接受
수평조	level tone	平调
수형도	tree	树形
순음	labial	唇音
순치음	labiodental	唇齿音
순행 동화	progressive assimilation	顺同化
스펙트로그램	spectrogram	频谱图
실재성	reality	现实
애매모음	schwa	混元音
약음절	weak syllable	弱音节
양순음	bilabial	双唇音

양평	high-rising tone	阳平
어의 차용어	calque, loan translation	仿造语
억양	intonation	语调
언어 능력	language competence	语言能力
언어 접촉	language contact	语言接触
얼화	retroflexion	儿化
역행 동화	regressive assimilation	逆同化
연구개음	velar	舌根音
연독변조	tone sandhi	连读变调
연음	liaison	连音
영성모	zero-initial	零声母
온음절	full syllable	完全音节
완전 동화	total assimilation	完全同化
외재적 규칙 순서	extrinsic rule order	外在规则次序
운두	medial	韵头
운복	nucleus	韵腹
운모	final	韵母
운미	coda	韵尾
운소	prosodeme	韵位
운율 범위	prosodic domain	韵律域
운율 자질	prosodic feature	韵律特征
원순모음	rounded vowel	圆唇元音
유성	voiced	浊音
유음	liquid	流音
유표성 제약	markedness constraint	标记性制约
유표적	marked	有标记
음보	foot	音步
음성	phone	音子
음성 변이	phonetic change	语音变化
음성학	phonetics	语音学
음소	phoneme	音位

음소배열제약	phonotactics	音位组配法
음역어	phonetic loan	音译词
음운학	phonology	音系学
음절	syllable	音节
음절 성분	syllable constituent	音节组构成分
음절화	syllabification	音节划分
음절핵	nucleus	音节核
음평	high-even tone	阴平
음높이	pitch	音高
음향음성학	acoustic phonetics	声学语音学
이음소	allophone	音位变体
이중모음	diphthong	二合元音
이형태	allomorph	语素变体
이화	dissimilation	异化
입력	input	输入
입성	entering tone	入声
잉여자질	redundancy	羡余
의역어	semantic loan	意译词
자모어	alphabetic loan	字母词
자음	consonant	辅音
자음군	consonant cluster	辅音丛
자음성	[consonantal]	[辅音]
자질	feature	特征
재음절화	resyllabification	音节重组
저모음	low vowel	低元音
적응	adaptation	适应
제1강세	primary stress	主重音
제2강세	secondary stress	次重音
제약	constraint	制约
적격성	well-formedness	合格
전동음	trill	颤音

전방성	[anterior]	[前部性]
전략	strategy	策略
전사법	orthography	拼写法
전설모음	front vowel	前元音
전이	transition	转移
전이음	glide	滑音
접근음	approximant	通音
조류	tone type	调类
조소	toneme	调位
조소변이	allotone	调位变体
조역	tone register	调域
조음 방식	manner of articulation	发音方法
조음 방식 자질	manner of articulation feature	发音方法特征
조음 위치	place of articulation	发音部位
조음 위치 자질	place of articulation feature	发音部位特征
조음음성학	articulatory phonetics	发音语音学
조찰성	[strident]	[刺耳]
조치	tone value	调值
조형	pitch contour	调形
주요 부류 자질	major class feature	主要音类特征
주요모음	nuclear vowel	核元音
중모음	mid vowel	中元音
중설모음	central vowel	央元音
중성	mid part in a syllable	中声
종성	final consonant	终声
지속성	[continuant]	[连续]
지연 개방성	[delayed release]	[延迟除阻]
차용어	loanword	借词
차용어 음운론	loanword phonology	借词音系学
철자법	orthography	拼写法
첨가	addition	增音

청취음성학	auditory phonetics	听觉语音学
초분절음	suprasegmental	超音段
초성	initial consonant	初声
최소 대립쌍	minimal pair	最小对比对
최적성 이론	Optimality Theory, OT	优选论
축약	contraction	缩约
축약어	abbreviation	缩写词
출력	output	输出
충실성 제약	faithfulness constraint	忠实性制约
치간음	interdental	齿间音
치경음	alveolar	齿龈音
치음	dental	齿音
치조음	alveolar	齿龈音
치찰음	sibilant	咝音
탄설음	flap	闪音
탈락	deletion	删除
통사	syntax	句法
파열음	plosive	塞音
파찰음	affricate	塞擦音
평순모음	unrounded vowel	不圆唇元音
평음	plain sound	平音
폐모음	close vowel	闭元音
폐쇄음	stop	塞音
폐음절	closed syllable	闭音节
포먼트	formant	共振峰
표기법	orthography	拼写法
표면형	surface representation	表层表征
핵음	nucleus	音节核
혀끝(설첨)	tongue tip	舌尖
혓날(설단)	tongue blade	舌叶
현저성	salience	显著性

협착	constriction	收缩
형역	graphic loan	形译
형태소	morpheme	语素
활음	glide	滑音
후두 자질	laryngeal feature	喉特征
후보자	candidate	候选
후색음	glottal stop	喉塞音
후설모음	back vowel	后元音
후설성	[back]	[后位性]
후설음화	backing	后化
후치경음	palato-alveolar	腭龈音

⟨부록 2⟩

중국어 음절 IPA 전사

중국어 음절표의 가로는 사호(四呼)에 따라 제시되어 있고 세로는 성모와 운모 유형으로 구분되어 있다. 성모도 조음 위치에 따라 유형을 나누고 운모 유형은 본서의 운모 부문에 따라 권설운모를 개구호에 포함하여 모두 387개로 나누고 있다. 음절표에서 같은 음영으로 처리된 부분은 중국어에 존재하지 않는 음절 유형이기 때문에 한어병음으로 제시할 수 없다. 반면 옅은 음영으로 처리된 부분은 해당 운모 유형이 음소배열제약으로 인해 제시되지 않는 경우이다. 예를 들어 단운모 /ɤ/(한어병음 'e')는 중국어 양순음과 결합하지 않기 때문에 중국어 양순음으로 처리하였다. 또 동일한 양순음이라도 개별적으로 제시된 운모와 결합하지 않으면 ( )안에 해당 운모를 제시하여 제외하였다. 예를 들어 많은 양순음은 부운모 /ou/(한어병음 'ou')와 결합하지만 무기양순음 /p/(한어병음 'b')는 결합하지 않기 때문에 ( )로 제외하기로 제시하였다. 다시 말해 중국어 음절표에는 한어병음으로 'bou'라고 제시되는 음절이 존재하지 않지만 'pou'나 'mou'는 존재하기 상황을 제시하였다. 다시 말해 중국어 음절표에 'ou'가 옅은 음영으로 처리되지 않았다는 다만 'b' 아래 (ou 제외)라고 표시해 놓았다는 의미이다. 본서에서 때문에 해당 음절표 기호로 제시된 중국어 음절의 음소 중에서 공금하다면 제시된 제시된 IPA와 제시된 IPA 중 // 안에 제시하기 한어병음으로 제시된 중국어 음절의 음소 중에서 공금하다면 제시된 제시된 성모의 IPA와 제시된 운모의 IPA 중 // 안의 기호를 사용하면 된다. 예를 들어 중국어 음절 중 한어병음으로 제시된 'bo'의 음소 중에서 공금하다면 제시된 성모에서 'b'에 제시된 기호와 제시된 운모에서 'o'에 제시된 기호 중 //의 첫을 합쳐 /po/로 전사하면 된다. 또 음성 중의의 전사가 공금하다면 해당 운모 음모 합쳐 [pwo]로 전사하면 된다.

운모 유형	단운모		복운모				비운모		
			촬구호						
촬구호	기저형/표면형	한어병음	기저형/표면형	한어병음			기저형/표면형	한어병음	
	/y/ [y]	ü	/ye/ [ɥe]	üe			/yen/ [ɥɛn]	üan	
							/yn/ [ɥyn]	ün	
합구호	기저형/표면형	한어병음	기저형/표면형	한어병음			기저형/표면형	한어병음	
	/u/ [u]	u	/ua/ [wa]	ua			/uan/ [wan]	uan	
			/uo/ [wo]	uo			/uen/ [wən]	uen (un)	
			/uai/ [wai]	uai			/uaŋ/ [waŋ]	uang	
			/uei/ [wej]	uei (ui)			/uŋ/ [uŋ]	ong	
제치호	기저형/표면형	한어병음	기저형/표면형	한어병음			기저형/표면형	한어병음	
	/i/ [i]	i	/ia/ [ja]	ia			/ian/ [jɛn]	ian	
			/ie/ [je]	ie			/in/ [jin]	in	
			/iau/ [jau]	iao			/iaŋ/ [jaŋ]	iang	
			/iou/ [jou]	iou (iu)			/iŋ/ [iŋ], [jəŋ]	ing	
							/iuŋ/ [juŋ]	iong	
개구호	기저형/표면형	한어병음							
	/i/ [ɿ], [ʅ]	i							
	/a/ [a]	a							
	/o/ [wo]	o							
	/ɤ/ [ɤ], [ɤ̞]	e							
	/ə/ [ə]	er							
	/ai/ [ai]	ai							
	/ei/ [ei]	ei							
	/au/ [au]	ao							
	/ou/ [ou]	ou							
	/an/ [an]	an							
	/ən/ [ən]	en							
	/aŋ/ [aŋ]	ang							
	/əŋ/ [əŋ]	eng							

앞소리 성모: b /p/ (ou, iou 제외), p /pʰ/ (iou 제외), m /m/

운모 유형	단운모		복운모		비운모	
	한어병음	기저형/표면형	한어병음	기저형/표면형	한어병음	기저형/표면형
개구호	i	/ɿ/ [ɿ][ʅ]	ai	/ai/ [ai]	an	/an/ [an]
	a	/a/ [a]	ei	/ei/ [ei]	en	/ən/ [ən]
	o	/o/ [wo]	ao	/au/ [au]	ang	/aŋ/ [aŋ]
	e	/ɤ/ [ɤ]	ou	/ou/ [ou]	eng	/əŋ/ [əŋ]
	er	/ɚ/ [ɚ]				
제치호	i	/i/ [i]	ia	/ia/ [ja]	ian	/ien/ [jɛn]
			ie	/ie/ [jɛ]	in	/in/ [in]
			iao	/iau/ [jau]	iang	/iaŋ/ [jaŋ]
			iou(iu)	/iou/ [jou]	ing	/iŋ/ [iŋ], [jəŋ]
					iong	/yŋ/ [yŋ]
합구호	u	/u/ [u]	ua	/ua/ [wa]	uan	/uan/ [wan]
			uo	/uo/ [wo]	uen(un)	/uən/ [wən]
			uai	/uai/ [wai]	uang	/uaŋ/ [waŋ]
			uei(ui)	/uei/ [wei]	ong	/uŋ/ [uŋ]
촬구호	ü	/y/ [y]	üe	/ye/ [yɛ]	üan	/yen/ [yɛn]
					ün	/yn/ [yn]
순치음 성모	f /f/					

188 한·중 대조 언어학을 기반으로 하는 현대 중국어 음운학

운모유형		개구호		제치호		합구호		촬구호	
	치경음 성모	한어병음	기저형 표면형	한어병음	기저형 표면형	한어병음	기저형 표면형	한어병음	기저형 표면형
단운모		i	/i/ [ɿ]	i	/i/ [i]	u	/u/ [u]	ü	/y/ [y]
복운모	d /t/ (ia, en, in, iang, üe 제외)	a	/a/ [a]	ia	/ia/ [ja]	ua	/ua/ [wa]		
	t /tʰ/ (ia, ei, en, iou, in, iang, üe 제외)	o	/o/ [wo]			uo	/uo/ [wo]		
	n /n/ (ia, uei, un 제외)	e	/ɤ/ [ɤ]	ie	/ie/ [jɛ]			üe	/ye/ [yɛ]
	l /l/ (en, uei 제외)	er	/ɤr/ [ɚ]						
		ai	/ai/ [ai]			uai	/uai/ [wai]		
		ei	/ei/ [ei]			uei (ui)	/uei/ [wei]		
		ao	/au/ [au]	iao	/iau/ [jau]				
		ou	/ou/ [ou]	iou (iu)	/iou/ [jou]				
비운모		an	/an/ [an]	ian	/ien/ [jɛn]	uan	/uan/ [wan]	üan	/yen/ [yɛn]
		en	/ɤn/ [ən]	in	/in/ [jin]	uen (un)	/uɤn/ [wən]	ün	/yn/ [yn]
		ang	/aŋ/ [aŋ]	iang	/iaŋ/ [jaŋ]	uang	/uaŋ/ [waŋ]		
		eng	/ɤŋ/ [ɤŋ]	ing	/iŋ/ [jiŋ], [jəŋ]	ueng	/uɤŋ/ [wəŋ]		
				iong	/yŋ/ [juŋ]	ong	/uŋ/ [uŋ]		

운모 유형	단운모		복운모		비운모	
	기저형/표면형	한어병음	기저형/표면형	한어병음	기저형/표면형	한어병음
개구호	/i/ [ɨ]	i	/ai/ [ai]	ai	/an/ [an]	an
	/a/ [a]	a	/ei/ [ei]	ei	/ən/ [ən]	en
	/o/ [wo]	o	/au/ [au]	ao	/aŋ/ [aŋ]	ang
	/ɤ/ [ɤ]	e	/ou/ [ou]	ou	/əŋ/ [əŋ]	eng
	/ɤɹ/ [ə]	er				
제치호	/i/ [i]	i	/ia/ [ja]	ia	/ien/ [jɛn]	ian
			/ie/ [je]	ie	/in/ [jin]	in
			/iau/ [jau]	iao	/iaŋ/ [jaŋ]	iang
			/iou/ [jou]	iou (iu)	/iŋ/ [jəŋ],[iŋ]	ing
					/iuŋ/ [juŋ]	iong
합구호	/u/ [u]	u	/ua/ [wa]	ua	/uan/ [wan]	uan
			/uo/ [wo]	uo	/uən/ [wən] (un)	uen (un)
			/uai/ [wai]	uai	/uaŋ/ [waŋ]	uang
			/uei/ [wei]	uei (ui)	/uəŋ/ [wəŋ]	ueng
					/uŋ/ [uŋ]	ong
촬구호	/y/ [y]	ü	/ye/ [ɥɛ]	üe	/yen/ [ɥɛn]	üan
					/yn/ [yn]	ün

연구개음 성모: g /k/, k /kʰ/, h /x/

운모 유형		단운모	복운모	비운모
촬구호	한어병음	ü	üe	üan / un
	기저형	/y/	/ye/	/yen/ /yn/
	표면형	[y]	[yɛ]	[yɛn] [yn]
합구호	한어병음	u	ua / uo / uai / uei(ui)	uan / uen(un) / uang / ueng
	기저형	/u/	/ua/ /uo/ /uai/ /uei/	/uan/ /uən/ /uaŋ/ /uəŋ/
	표면형	[u]	[wa] [wo] [wai] [wei]	[wan] [wən] [waŋ] [uŋ]
제치호	한어병음	i	ia / ie / iao / iou(iu)	ian / in / iang / ing / iong
	기저형	/i/	/ia/ /ie/ /iau/ /iou/	/ien/ /in/ /iaŋ/ /iŋ/ /iuŋ/
	표면형	[i]	[ja] [je] [jau] [jou]	[jɛn] [in] [jaŋ] [iŋ], [jəŋ] [juŋ]
개구호	한어병음	i / a / o / e / er / ai / ei / ao / ou / an / en / ang / eng		
	기저형	/ɿ/ /a/ /o/ /ɤ/ /ɚ/ /ai/ /ei/ /au/ /ou/ /an/ /ən/ /aŋ/ /əŋ/		
	표면형	[ɿ] [a] [wo] [ɤ] [ɚ] [ai] [ei] [au] [ou] [an] [ən] [aŋ] [əŋ]		

치음 성모: z /ts/, c /tsʰ/, s /s/

운모 유형	단운모	복운모		비운모	
	기저형/표면형	한어병음	기저형/표면형	한어병음	기저형/표면형	한어병음
개구호	/i/ [ɿ]	i				
	/a/ [a]	a	/ai/ [ai]	ai	/an/ [an]	an
	/o/ [wo]	o	/ei/ [ei]	ei	/ən/ [ən]	en
	/ɤ/ [ɤ]	e	/au/ [au]	ao	/aŋ/ [aŋ]	ang
	/ɚ/ [ɚ]	er	/ou/ [ou]	ou	/əŋ/ [əŋ]	eng
					[uɛ]/[uŋ]	
제치호	/i/ [i]	i	/ia/ [ia]	ia	/ian/ [iɛn]	ian
			/ie/ [iɛ]	ie	/in/ [in]	in
			/iau/ [iau]	iao	/iaŋ/ [iaŋ]	iang
			/iou/ [iou]	ou (iu)	/iuŋ/ [iuŋ]	iong
합구호	/u/ [u]	u	/ua/ [ua]/[wa]	ua	/uan/ [uan]/[wan]	uan
			/uo/ [uo]/[wo]	uo	/uən/ [uən]/[un]	uen (un)
			/uai/ [uai]	uai	/uaŋ/ [uaŋ]	uang
			/uei/ [uei]/[wei]	uei (ui)	/uŋ/ [uŋ]	ong
촬구호	/y/ [y]	ü	/ye/ [yɛ]	üe	/yen/ [yɛn]	üan
					/yn/ [yn]	ün

권설음 성모: zh /tʂ/, ch /tʂʰ/ (ei 제외), sh /ʂ/ (ong 제외), r /ʐ/ (a, ai, ei, uai, uang 제외)

운모 유형	단운모		복운모		비운모	
	한어병음	기저형/표면형	한어병음	기저형/표면형	한어병음	기저형/표면형
개구호	i	/i/ [ɿ]	ai	/ai/ [ai]	an	/an/ [an]
	a	/a/ [a]	ei	/ei/ [ei]	en	/ən/ [ən]
	o	/o/ [wo]	ao	/au/ [au]	ang	/aŋ/ [aŋ]
	e	/ɤ/ [ɤ]	ou	/ou/ [ou]	eng	/əŋ/ [əŋ]
	er	/ɚ/ [ɚ]				
제치호	i	/i/ [i]	iao	/iau/ [jau]	ian	/ien/ [jɛn]
	ia	/ia/ [ja]	iou (iu)	/iou/ [jou]	in	/in/ [jin]
	ie	/ie/ [jɛ]			iang	/iaŋ/ [jaŋ]
					ing	/iŋ/ [jəŋ], [jiŋ]
					iong	/yŋ/ [juŋ]
합구호	u	/u/ [u]	uai	/uai/ [wai]	uan	/uan/ [wan]
	ua	/ua/ [wa]	uei (ui)	/uei/ [wei]	uen (un)	/uən/ [wən]
	uo	/uo/ [wo]			uang	/uaŋ/ [waŋ]
					ueng	/uŋ/ [uŋ]
촬구호	ü	/y/ [y]	üe	/ye/ [ɥe]	üan	/yen/ [ɥɛn]
					ün	/yn/ [ɥyn]

경구개음 성모: j /tɕ/, q /tɕʰ/, x /ɕ/

운모 유형		단운모	복운모		비운모	
		기저형 / 표면형	기저형 / 표면형	한어 병음	기저형 / 표면형	한어 병음
촬구호		/y/ [y] — yu	/ye/ [yɛ] — yue		/yen/ [yɛn] — yuan /yn/ [yn] — yun	
합구호		/u/ [wu] — wu	/ua/ [wa] — wa /uo/ [wo] — wo /uai/ [wai] — wai /uei/ [wei] — wei		/uan/ [wan] — wan /uən/ [wən] — wen /uaŋ/ [waŋ] — wang /uəŋ/ [wəŋ] — weng /uŋ/ [uŋ] — guo	
제치호		/i/ [ji] — yi	/ia/ [ja] — ya /ie/ [jɛ] — ye		/iau/ [jau] — yao /iou/ [jou] — you /ien/ [jɛn] — yan /in/ [jin] — yin /iaŋ/ [jaŋ] — yang /iŋ/ [jiŋ], [jiŋ] — ying /iuŋ/ [juŋ] — yong	
개구호		/i/ [ɿ], [ʅ] — i /a/ [a] — a /o/ [wo] — o /ɣ/ [ɣ] — e /ɣɹ/ — er	/ai/ [ai] — ai /ei/ [ei] — ei /au/ [au] — ao /ou/ [ou] — ou		/an/ [an] — an /ən/ [ən] — en /aŋ/ [aŋ] — ang /əŋ/ [əŋ] — eng	
영성모		ø				

찾아보기

ㄱ

강세　　　　　　　　17, 87, 153
강세 언어　　　　　　　147, 158
강음절　　　　　　　　　　147
개구도　　　　　　　55, 69, 112
개모음　　　　　　　　　55, 112
개음　　　　　　　　　　69, 106
개음절　　　　　　　　　99, 109
거성　　　　　　　　　　79, 86
격음　　　　　　　　　　42, 122
경구개음　　40, 47, 65, 98, 103, 120
경성　　　21, 86, 134, 144, 154, 159
경음　　　　　　　　42, 52, 122
고모음　　　　　　54, 76, 108, 122
공명도　　　　　　　　　76, 111
공명도 연쇄 원리　　　　　　111
공명도 위계　　　　　　　　112
공명성　　　　　　　　　　117
광동어　　　　　　　　　　173
구　　　　　　　　　　146, 150
구개음화　　　　　　　114, 135
구별기호　　　　　　　　25, 38
국제음성기호　　　　　　　　25
굴곡조　　　　　　　　　　81
권설음　　　　　　　　47, 120

권설음화　　　　　　　15, 89, 137
근원어　　　　　　　　161, 170
기식성　　　　　12, 28, 37, 48, 116
기저형　　　　　　20, 62, 115, 163
긴장성　　　　　　　22, 122, 132

ㄴ

내재적 규칙 순서　　　　133, 145

ㄷ

다음절　　　　　　　　　　108
단모음　　　　　　　57, 72, 93, 103
단순 굴곡조　　　　　　　　81
단어　　　　15, 73, 80, 109, 150, 151
단음절　　　　　　　　　　108
단일어　　　　　　　　　　109
단자조　　　　　　　　　84, 154
대립　　　　　　　　27, 59, 116
동화　　　　　28, 69, 130, 134, 143
두음　　　　　　21, 52, 77, 92, 114

ㄹ

리듬　　　　　　　　　　　147

■ ㅁ

마찰음	37, 43, 52, 112, 119, 164
말소리	12, 24, 35, 111, 118
말음	50, 74, 92, 142, 164
모라	95
모음	37, 54, 72, 77, 91, 111, 122
모음 사각도	55, 68
모음 삽입	164
목소리	12, 81
무성	22, 37, 115
묶음	171
문장	15, 105, 140

■ ㅂ

반모음	74
반자음	74
방언	32, 85, 172
변별자질	115, 123, 126
변이	33, 143, 167
변이음	20, 44, 64, 116
보존	166, 170
보통화	32, 85, 173
복모음	57, 72, 108
복합 굴곡조	81
복합어	146
본자조	84, 154
부분 동화	130
부유 자질	159
분절음	16, 57, 73, 93, 112
불파음	27, 166
비강세	87, 144, 158

비모음	133
비성절음	93
비성조 언어	79
비음	35, 44, 52, 70, 99, 118
비음성	52, 119, 139
비음화	133

■ ㅅ

삭제	163, 166
삼중모음	57, 73, 78
삽입	140, 164, 170
상보적 분포	64, 99
상성	79, 82
생성 문법	162
생성 음운론	115, 162
서열	163
설배성	121
설정성	120
설첨	35, 47, 65
설측성	52, 119
설측음	44, 119
설치음	47
성대	35, 43, 81, 111
성대진동시작시간	37
성도	74, 118
성모	50, 82, 95, 106, 114
성문	12, 37
성문 협착성	13, 122, 127
성문 확장성	122
성문음	41, 51, 121
성절성	117

성절음	93	외재적 규칙 순서	133
성조	17, 23, 79, 82, 87, 95, 144	운두	69, 95, 106, 139
성조 언어	79	운모	95, 100, 114, 138
성조 연계 단위	95	운미	95, 99, 139
성조 자질	85, 159	운복	69, 95, 138
소리	12	운율 범위	149, 151
소음성	43, 119	원순모음	54, 61, 78, 123
수평조	81	유성	37, 44
수형도	105	유성음	27
순음	46, 102, 115	유표성 제약	163
순치음	19, 46, 51, 98, 120	유표적	37, 122
순행 동화	130, 160	음높이	17, 80, 144
스펙트로그램	42, 74	음보	147, 153
실재성	90, 104, 163	음성	18, 20, 25, 89
		음성 변이	129, 136, 143
		음성학	11, 18

■ ㅇ

약음절	21, 86, 134, 158	음소	18, 29, 60, 92, 100
양순음	39, 46, 98, 120	음소배열제약	90, 170
양평	82	음역어	161, 171
어의 차용어	161	음운학	11, 30, 84, 97
억양	17	음절	15, 23, 64, 73, 89, 94, 108
언어 능력	62, 162	음절 성분	90, 114
언어 접촉	161	음절핵	91, 106
얼화	15, 89, 137	음절화	89
역행 동화	130	음평	82
연구개음	41, 98, 114, 121, 137	음향음성학	14
연독변조	144, 154	의역어	161
연음	33, 92, 110	이음소	141
영성모	96, 103, 111	이중모음	57, 69, 73, 76
온음절	102	이형태	141
완전 동화	130	이화	143

찾아보기　197

입력	163	조음 위치	35, 43, 120
입성	79, 82, 99	조음 위치 자질	120, 130
잉여자질	115	조음음성학	14
		조찰성	119

ㅈ

자모어	161	조치	83, 85, 145
자음	35, 39, 45, 51	조형	83, 85, 156
자음군	93, 114, 164	종성	34, 90, 92, 106
자음성	117	주요 부류 자질	117, 123, 126
자질	115, 123	주요모음	69, 91, 109, 112
재음절화	108, 130, 169	중모음	54, 66, 77
저모음	55, 69, 112	중설모음	61, 69, 123
적격성	90, 104	중성	90, 91, 106
적용	162, 170	지속성	43, 118
전동음	45	지연 개방성	119
전략	165		

ㅊ

전방성	121	차용어	161, 170
전사법	92	차용어 음운론	161, 163
전설모음	55, 122	철자법	170
전이	70, 74	첨가	102, 138, 140
전이음	74, 106	청취음성학	14
접근음	50, 75	초분절음	16, 34, 153
제1강세	147	초성	16, 90, 91, 93
제2강세	147	최소 대립쌍	22, 60
제약	163	최적성 이론	163
조류	84	축약	137, 145, 156
조소	84, 145, 158	축약어	89
조소변이	84	출력	163
조역	83	충실성 제약	163
조음 방법 자질	118	치간음	40, 47
조음 방식	35, 44, 119	치경음	40, 98, 120

치음	40, 46, 65, 77
치조음	40
치찰음	21, 141

■ ㅌ

탄설음	44
탈락	133, 138
통사	146, 151

■ ㅍ

파열음	37, 38, 42, 51, 99, 112
파찰음	37, 44, 52, 119
평순모음	54, 123
평음	42, 122
폐모음	55, 112
폐쇄음	42
폐음절	99, 109
포먼트	74
표기법	24, 33
표면형	20, 62, 84, 115

■ ㅎ

핵음	106, 112
혀끝	40, 47, 120
현저성	164, 170
협착	111
혓날	40, 120
형역	161
형태소	15, 24, 92, 110
활음	72, 75, 92, 107, 117

후두 자질	121
후보자	165
후색음	110
후설모음	55, 61, 102, 123
후설성	65, 108, 122
후설음화	131
후치경음	40, 47, 71, 77

■ C

[+CG]	122, 124

■ F

F0	80, 81

■ I

IPA	20, 30, 61, 100

■ O

OT	163, 165

■ S

[+SG]	122
SSP	111, 114

■ T

TBU	95

■ V

VOT	42